Heiner Vogelei

METAMORPHEUS

ein esoterisches Mysterienspiel

Herstellung und Verlag:
Books on Demand GmbH, Norderstedt
ISBN 978-3-8370-1647-5

Heiner Vogelei

METAMORPHEUS

Ein

esoterisches

Mysterien – Schauspiel

in

zwei Teilen

meinen Großvätern

Heinrich Vogelei

und

Karl Beerens

gewidmet

Es gibt weder schuldig,
noch gibt es unschuldig.
Es gibt nur Ursachen,
die zu Taten werden .

H. Vogelei , 1982

Teil 1

Bild 1

Die Bühne stellt eine Schräge dar, die dem Hintergrunde zu in einem etwa 20° - Winkel ansteigt.

In der Mitte der Szene ist – waagerecht – eine kreisrunde Fläche eingelassen, deren Mittelachse auf der Schrägen liegt. Im rechten Hintergrund geht eine brusthohe Mauer nach links dem Hintergrunde zu. In der Kreisebene steht eine alte Esche, die nur vereinzelt Blätter trägt. Links, weit im Vordergrund, liegt ein grösserer Fels. Kleinere Felsen liegen wahllos herum. Insbesondere an der Mauer, die teilweise eingestürzt und sehr bemoost ist. -

Musikalische Einleitung : **Gustav Mahler , Synfony 8 ,**
                              Part 2 , Orchestereinleitung

Während der letzten Takte öffnet sich langsam der Vorhang. Es ist Nacht. Vom Hintergrunde scheint ein fahler bläulicher Dämmerschein herauf. Auf dem grossen Felsen, unter der Esche und rechts von ihr, in der Nähe der Mauer steht jeweils eine hohe Frauengestalt. Sie tragen gardinensartige Schleier, die bis zu den Knieen reichen. Dadurch erscheinen sie nur silhouettenhaft.
Das folgende Gespräch der Drei wird langsam und in Ruhe gesprochen.

Werdiana :	*Horcht ! -*
	Kein Laut ist zu vernehmen.
	Im tiefsten Schlafe liegt dort unten
	die Welt.-
Urd :	*Überall.-*
Skuld :	*Schlummer des Vergessens , überall.-*

Werdiana :	*Friede überall.- Nein, nicht überall.-*
	Habt ihr die vielen Kriege vergessen,
	die sie sinnlos führten ?
Skuld :	*Daran dachte ich nicht.-*
	Ließ ich mich tatsächlich verleiten,
	diesem trügerischen Bild des Friedens
	zu trauen ?
Werdiana :	*Ja,- Du hast ihm getraut.*
	Doch denke immer daran,-
	dem, der dieses Bild für sich schuf,
	dem traue nie ! -
Urd :	*Ruhe und Frieden herrscht auf Erden*
	nur,wenn die Menschheit
	im Schlummer liegt.
Skuld :	*Drum schweigt und geniesst die Ruhe.-*

Schweigen. Ab hier wird das Gespräch dynamischer.

Urd (mit einem Seufzer fragend) :
> *Was ist nur aus ihr geworden ?*

Werdiana :	*Wen meinst du ?*
Urd :	*Die Menschheit ! -*
	Alles hat sie vergessen,
	was ihr einst wertvoll und kostbar
	erschien.-
	(sinnend)
	Wisst ihr noch, wie all dies begann ?

Skuld :	Meinst du den Tag, als aus hellster Feuerbrunst der Kosmos entstand ?
Urd :	Den mein' ich.-
Werdiana (ruhig) :	Ja,- einst, da war das, was die Menschen Leben nennen noch lebenswert.
Urd :	Vergessen hat er, woher er kam.- Vergessen hat er, wohin er geht.-
Skuld (auffahrend) :	Vergessen hat er, welche Aufgabe ihm die göttliche Flamme ihm einst gab.-
Werdiana (ruhig) :	Vergessen.- Alles ... vergessen.-
Urd :	Vor langer Zeit, als all das hier begann, wurde er eingebettet in die göttliche Harmonie der Natur als deren Krone ...
Skuld :	Und was macht der König aus seinem Königreich ?
Werdiana :	Für ein Wunder hielt er sich. Über alle Maßen hinaus wurde er überheblich und mißgünstig anderen gegenüber. Bis er am Ende aus der Natur auszog

und, wie wir sehen, seit jenen
Tagen in Unfrieden mit sich
und der Welt lebt.

Urd :

Doch Hoffnung naht.-
Heute ahnen wieder einige von ihnen,
woher der Unfriede in ihnen kommt.
Vielleicht sogar wissend,
wo der Pfad liegt,
der zu den vergess' nen Wurzeln führt.

Werdiana :

Heute hat der Unfriede viele Formen
angenommen. Gewalt und Hass.
Neid und Gier regieren auf Erden.
Und der Mensch ist dabei auf Erden
seine eigene Hölle zu errichten.

Urd :

Ja, - Voller Unruhe läuft er der Zeit
hinterher, denn er glaubt, er hätte
keine.
Er müsste sein Leben mit Arbeiten
verbringen, um ein
angenehmes Leben zu führen.

Werdiana :

Aber wie kann er leben,
wenn er sich zum Leben
die Zeit nicht nimmt ?

Skuld :

Er denkt, er hätte keine.

Werdiana :

Paradox, nicht wahr ?

Urd (amüsiert) :   *Hat er nun Zeit,*
                       oder hat er doch keine ?

Skuld :   *Zeit gab es.- Zeit gibt es.-*
                       Die Zeit begann vor der Ewigkeit
                       und wird es ewig geben
                       in diesem endlos – endlichen Raum.

Urd :   *Schwestern, seht ! - Bald wird es Tag.-*
                       Wann wollen wir spinnen ?

Werdiana :   *Zu spinnen, Schwestern,-*
                       gibt es nichts mehr.-

Skuld :   *Was soll das bedeuten ?*

Werdiana :   *Alles, was ist, wird enden.-*
                       Zu spinnen gibt es deshalb
                       nichts mehr.-
                       Lassen wir die Menschheit
                       das letzte Verhängnis selbst
                       in das Netz des Schicksals weben.-

Urd :   *Ja, jetzt erkenne ich es auch.-*
                       Alles, was ist, endet ! -
                       Deshalb verhüllt ein leichter Nebel
                       seit langem meinen Blick ! -
                       Die Zukunft erblicke ich nicht mehr.-
                       Alles erscheint düster und grau.-

Skuld :   *Ihr sprecht vom Ende.-*
                       Grämt euch nicht.-
                       Das Ende wird der Beginn
                       von etwas Neuem sein.

Werdiana / Urd :   So möge es sein !

Skuld :   So wird in Wahrheit niemals
                     etwas enden.-
                     Geburt ist in den Tod verschlungen.-

Werdiana :   So ist es !

Urd :   So wird es sein !

  Urd schreitet zum Baum und holt von dort ein langes
dickes Seil

Urd :   Kommt, Schwestern .-
                     Lasset uns noch einmal spinnen.

Werdiana (das Seilende ergreifend) :
                     Doch was wollen wir spinnen ? -
                     Nie konnten wir irgend ein Schicksal
                     wenden.-
                     Immer nur spannen wir Verhängnis,
                     Verderben, Liebe, Glück und Tod
                     im Zwange der Weltenordnung.

Urd :   Konnten nichts lenken.-

Skuld (nimmt das andere Seilende auf) :
                     Werden wir auch in Zukunft mit dem
                     alten Seil spinnen ?

Werdiana :   Gewiss !-

Urd :   Die gleichen Verhängnisse ?

Werdiana :	Gewiss !

Skuld :	Das gleiche Verderben ?

Urd nimmt das Seil in der Mitte auf.

Werdiana :	Gewiss !

Urd :	Die gleichen Schicksale ?

Werdiana :	Gewiss !

Skuld :	Ewiger Kreislauf von Tod und Geburt?

Urd :	Und von Geburt und Tod ?

Werdiana :	Gewiss ! - Was sonst sollte geschehen ?

In diesem Augenblick zerfällt das Seil in mehrere Stücke.
Entsetzt lassen die drei es los und treten unter dem Baum
schnell zusammen.

Urd :	Doch nicht gleich ?

Werdiana :	Ein Hoffnungsschimmer !

Die Szene verdunkelt sich. Ein unterirdischer Donner ist
zu hören. Um sie herum wallt Nebel auf. Sie versinken in
der Erde. Der Nebel kriecht über die Szene und verzieht
sich dann langsam.

Die Szene erhellt, wie zu Beginn des Bildes. Von hinten kommt eine Gestalt in einem schwarzen Umhang herauf. An der Mauer bleibt sie stehen und blickt sich um. Dann geht sie bis zur Mitte vor. Hält inne. Blickt lächelnd auf die Seilstücke und hebt eines davon auf.

Luzifer (nach kurzem Nachsinnen) :
> *Anscheinend komme ich gerade*
> *zur rechten Zeit.*
> *Alles ist vorbereitet für meinen letzten,*
> *alles entscheidenden Streich.*
> *(lacht auf)*

In diesem Augenblick kommt von vorne rechts eine junge Frau und ein junger Mann, sich bei den Händen haltend, herauf. Luzifer versteckt sich schnell hinter dem Baum. Als die beiden am Anfang der Mauer, also im Vordergrunde, angekommen sind, verabschieden sie sich voneinander mit einem Kuß. Die junge Frau geht hinter der Mauer nach rechts ab, während der junge Mann, ihr sehnsüchtig nachblickt. Luzifer lehnt, um sie beobachten zu können, seitlich an dem Baum.

Luzifer (zu sich selbst) :
> *Kann das sein ?*
> *Hab' ich mich gar geirrt ?*
> *Ist im Menschsein doch noch*
> *das grosse Glück zu finden ?*
> *Oder gar die grosse Liebe ?*
> *Wenn' s so wäre,*
> *wie könnt ich dann meinen*
> *letzten Trumpf gegenüber den*
> *himmlischen Herrschaften*
> *ausspielen?*

Gäb's auch nur eine einz'ge Liebe hier,
der Plan, er wär verloren.-
Mein Plan, die Menschen zum Bösen
zu verführen, wird vereitelt durch
dieses Glück.-
Nur die Liebe kann's verhindern.-

Er tritt jetzt vor den Baum und beobachtet den jungen Mann, der in Gedanken schweigend da steht.

Dies' eine Glück, so leid mir's tut
muss ich zerstören.-

Der junge Mann – Michael – wendet sich zum Gehen und so direkt in Richtung Luzifers. Er schreckt aus seinen Gedanken auf, als er Luzifer bemerkt. Sogleich tritt Luzifer ihm mit schnellem Schritt entgegen.

Luzifer :   *Wohin so schnell ?-*
                       Die Zeit verrinnt auch
                       unentrinnbar ohne Eile !

Michael :   *Was machen sie denn hier ?*

Luzifer (deutet nach rechts) :
                       Ein schönes Blümelein hast du dir da
                       gepflückt.-

Michael :   *Habt ihr sie gesehen ?*

Luzifer :   *Aber natürlich.-*
                       Eine solche Schönheit kann
                       man doch nicht übersehen.-

Michael :	*Seit ihr schon lange hier ?*
Luzifer :	*Wenn man's genau betrachtet, schon eine Ewigkeit.-*
Michael :	*Und was macht ihr hier oben ?*
Luzifer :	*Ich mache jeden Abend zur Mitternacht einen kleinen Rundgang durch die Welt. Und unter dieser grossen Esche mache ich dann zum Abschluß oftmals Rast.*

Langsam anbrechende Morgendämmerung

Michael :	*Ich habe euch aber hier noch nie zuvor gesehen.- Andererseits scheint der Spaziergang heute länger gewesen zu sein. Es dämmert schon. Und ich habe kaum geschlafen.-*
Luzifer :	*Aber dafür hat sich die Nacht doch auch gelohnt ? (lächelt vielsagend)*
Michael :	*Wenn man' s so betrachtet, dann ja.-*
Luzifer :	*Verzeiht, daß ich so offen fragen.- Meint ihr, daß ihr der einzige Freund dieser zarten Blume seid ?*

Michael (aufbrausend) :
> Wie könnt ihr so etwas fragen ?!

Luzifer :
> Nur nicht gleich so aufbrausend,
> mein jugendlicher Freund.

Michael :
> Wie heisst ihr eigentlich ?
> Ich bin der Michael.-

Luzifer :
> Meinen Namen willst du wissen ?
> Nun, sei's drum. Luzifer nennt mich
> die Welt.

Michael :
> Luzifer ! - Luzifer ? -
> Das hört sich ja an, wie Ungeziefer.-

Luzifer :
> Aber, aber.-
> Ihr wollt mich doch nicht etwa
> mit so einem niedrigen Gewürm
> vergleichen. Was ist schon ein Tier
> gegen einen Menschen?

Michael :
> Immerhin auch ein Lebewesen.
> Mit dem gleichen Recht auf Leben.-

Luzifer (versucht heiter zu wirken) :
> Da muß ich dir recht geben.-

Michael :
> Aber, wir schweifen ab.-
> Was habt ihr mich da eben
> in Bezug auf Eva gefragt ?

Luzifer :	Heisst so euer Pflänzchen, daß ihr euch gepflückt habt ? (für sich) Die Eva ist' s. Die mit dem Apfel.-
Michael :	Ja.-
Luzifer :	Nun, ich fragte nur, ob du dir bei solch einer Schönheit vorstellen kannst, daß sie dir allein gehört ?
Michael (überheblich, lachend) :	Glaubt ihr wirklich, daß mir eine Frau untreu werden könnte ?
Luzifer :	Weshalb nicht ? - Wenn der andere zum Beispiel sehr reich wäre.
Michael (winkt lachend ab) :	Nein, Luzifer, da liegst du ganz falsch.- Reichtum allein macht nicht glücklich.- Das Glück kann man bekanntlich nicht kaufen.
Luzifer (für sich) :	Ei, was.- Jetzt wird der Knabe auch noch philosophisch.-
Michael :	Es ist doch so.- Liebe ist's, die man zum

Leben braucht.
Das ist das Lebenselixir.
Gold und Geld sind
nur ein notwendiges Übel,
das man benötigt,
um in dieser Gesellschaftsordnung
existieren zu können.-
Denn Essen und Trinken das muss
man ,- daß hält Leib und Seele
zusammen.
Oder habt ihr schon mal jemanden
gesehen, der nur von Luft und Liebe
leben kann ? - Ich nicht !

Luzifer :   *Also gibt es Dinge,*
                 die man zum Leben ganz
                 dringend braucht.
                 Wie zum Beispiel Gold,
                 Geld, Liebe und Glück.

Michael (verärgert) :
                 Gold und Geld! - Ach, was!
                 Lebe ich um zu arbeiten, oder
                 arbeite ich um zu leben ?

Luzifer :   *Jeder muss doch arbeiten,*
                 um leben zu können.- Oder ?!

Michael :   *Aber warum arbeitet dann nicht*
                 jeder gerade soviel,
                 daß er hat, was er zum leben
                 braucht.-

Luzifer :	*Vielleicht, weil ihm das einfache Leben nicht genug ist ?*
Michael :	*Warum sollte es ihm nicht genügen?- Sieh', ich arbeite auch. Trotzdem nehme ich mir die Zeit, um zu leben. Bewundere die Natur. Erfreue mich an den schönenBlumen. Lausche dem Gesang der Vögel und beobachte Fuchs und Hase ... ... und erahne, daß ich einst in dieser friedlichen harmonischen Natur heimisch gewesen bin.*
Luzifer(der mit einem Lächeln Michael's Ausführungen verfolgt hat) :	*Eigentlich ist es kein Wunder, daß du dich hier wie zuhause fühlst, schliesslich bist du selber ein Teil der Natur.*
Michael :	*Aus der Natur kann man soviel ablesen. Man erkennt die Vollkommenheit göttlicher Schöpfung. Ist mit Gott verbunden. Viele Erkenntnisse hat der Mensch aus der Natur abgeleitet. Sie in Formeln gegossen. Sie in physikalische Gesetze eingeschlossen. Nun, und wie dankt der Mensch es der Natur ? Er zerstört sie gnadenlos. Nur um des Profites Willen. Erweiterung des Lebensraums nennt*

er das. Baut Stadt um Stadt.
Wo wird das Ganze wohl eines Tages
enden? Ach,- genug davon! -
Ich will davon nichts mehr wissen.-

Luzifer :   Sonderbar.-
Viele Menschen haben das, was du
sagst schon vor langer Zeit
vergessen. Wie kommt es,
daß du es wiedergefunden hast?

Michael :   Ich suchte dem Alltagstrott zu
entfliehen. Ruhe zu finden.
Ich fand sie hier.-

Luzifer :   Wirklich ?

Michael :   Nicht ganz.-

Luzifer :   Warum nicht?

Michael :   Hier, an dieser Stelle soll bald ein
Hochhaus stehen.- Ein Wohnsilo.-
Eine trostlose Betonwüste.
Unmenschlich.- Und dennoch von
Menschen geschaffen.-
Dann wird auch die Esche fallen.-
Im Sommer lag ich immer
unter dem Baum . Manches Mal
schlief ich auch unter ihm ein.-
Dann erzählte er mir von vergangenen
Zeiten.- Schöneren Zeiten.-

Von Ferne hört man eine Kirchturmuhr sieben Mal schlagen

> *Was ? - Schon so spät?-*
> *Ich müsste schon längst unterwegs*
> *sein ! - Das gibt wieder Ärger*
> *mit dem Meister, wenn ich zu spät*
> *kommen sollte.-*
> *Dann bis zum nächsten Mal.*
> *(geht mit schnellen Schritten,*
> *nach hinten ab.)*

Luzifer (ihm hinterher rufend) :
> *In Ordnung.- In etwa zwei Wochen*
> *bin ich wieder hier.-*

Michael (aus der Ferne) :
> *Ja, bis dann.-*

Luzifer :
> *Ein gescheiter Knabe, nicht wahr ?*
> *(wendet sich der Esche zu)*
> *Ja,ja.- Wenn der Knabe wüsste,*
> *daß du jene Weltenesche bist,*
> *von der uralter Runenzauber*
> *einst geraunt, dann würde er anders*
> *reden.- Aber er weiß es nicht.-*
> *Und du hast es ja gehört.-*
> *Hier kommt ein Hochhaus hin.-*
> *Man wird dich einfach abholzen.*
> *Auf den Schutt wirft man dich*
> *dann.- Brennen wirst du.*
> *Und mit dir die ganze Welt.*

Es beginnt zu donnern. Luzifer verschwindet laut lachend, während sich die Szene verdunkelt. Ein Gewitter scheint schnell aufzuziehen. Mit den ersten Takten der Zwischenmusik fällt der Vorhang äusserst schnell.

Orchesterzwischenspiel :

Humperdink, Hänsel und Gretel,
Zwischenspiel Bild 1 / Bild 2

Bild 2

Die Bühne stellt die gleiche Szene, wie im ersten Bild dar, nur das jetzt im Hintergrunde ein Bauzaun zu sehen ist.

Während der letzten Takte des Orchesterzwischenspiels wird der Vorhang langsam geöffnet. Michael liegt ausgestreckt unter der Esche.

Michael :
*Mann, war das heute wieder
ein anstrengender Tag.-
Immer dasselbe. Zuerst soll man dies
und jenes machen, dann wird man
weggeholt, um einem Kollegen bei
einer dringenden Arbeit zu helfen,
und zu guter Letzt wird dann darüber
gemeckert, daß man seine Arbeit nicht
erledigt hat. Ja, ja.-
Undank ist der Welten Lohn.
Puh, jetzt muß ich erstmal ein wenig
schlafen.
(Er legt sich auf die Seite und schläft
kurz danach ein.)*

Der Stamm der Esche glüht in einem hellen lichten Grün auf. In ihr wird eine Frauengestalt sichtbar.

Esche :
*Schlafe sanft und gut, mein Michael.-
Schon bald wird der Tag kommen,
an dem du stärker als deine
Feinde sein musst. Aber nicht Gewalt
und Haß sollen deine Waffen sein.-
Sie sollen heissen Großzügigkeit,
Geduld und Weisheit.-*

Michael (leise, im Schlafe) :
Wie kann ich großzügig gegen meine
Feinde sein ?

Esche :
Grosszügig bist du, wenn du gibst.-
Denn dem, der gibt,
wird auch gegeben.-
Doch gib' nicht irgend etwas.-
Nicht ein Geschenk oder
einen Gegenstand.-
Nein, es muss etwas sein, das von dir
selbst kommt.
Etwas, mit dem du dich auch selbst
gibst.

Michael (leise, im Schlafe) :
Wie aber kann ich mich in Geduld
üben ?

Esche :
Sei nicht der geduldige Packesel,
der schwere Kisten schleppt,
bis er tot zusammenbricht.-
Nein,- dies ist keine Geduld.-
Zur Geduld gehört Disziplin
und Umsicht. Nur wenn du
abwarten kannst, ohne zu ergrimmen;
wenn du vergibst.-
Nur geduldiges Abwarten lässt dich
die wahre Natur der Dinge erkennen.-

Michael (leise, im Schlafe) :
So sage mir noch, muß ich nicht alt
und grau geworden sein,
um weise zu sein ?

Esche :   *Die Weisheit entsteht aus den beiden*
anderen genannten Dingen.
Bist du großzügig und geduldig,
so kannst du jeden Augenblick
ganz erfassen. Und in dem du ihn
ganz erfasst, kannst du keinen Fehler
mehr begehen.- Du deutest ihn
richtig.- Erkennst seine Bedeutung.-
So sollen diese drei Dinge deine
Waffen sein.-
Und kein Mensch wird dir eine Waffe
entgegenstrecken.- Drum übe dich in
Großzügigkeit, Geduld und Weisheit.-
(das innere Leuchten erlischt,
die Frauengestalt ist nicht mehr
zu sehen.)

   Sogleich kommt Luzifer von vorne rechts schnell auf
Michael zu

Luzifer (laut, rufend) :
He, du Fauler ! - Aufgewacht ! -
Die Zeit wird knapp ! -

Michael (sich streckend, gähnend) :
Was ist denn los ?- Warum so hastig ?
(blickt auf) Ach, du bist es !
(legt sich wieder hin)

Luzifer :   *Nun, steh' auf, mein Knabe.-*
Wir haben nicht mehr viel Zeit.-

Michael (sich aufsetzend) :
Warum hast du es denn so eilig ?

Luzifer :   *Ich will dich aus dieser Welt in*
eine andere entführen ! -

Michael (sich erhebend) :
                         Von was sprichst du ? -
Reisst mich einfach so
aus einem wunderschönen Traum
und willst mich irgendwohin
mitschleppen.-

Luzifer (etwas unwirsch) :
                         Frag' nicht soviel ! -
Komm' ganz einfach mit ! -

Michael :   *Wohin willst du mit mir ?*

Luzifer :   *Ist das so wichtig ? Laß dich doch*
einfach überraschen !

Michael :   *Ja,- denn ich will vorher wissen,*
wohin die Reise geht !-
Du tust gerade so, als wärst du von
einem anderen Stern.-

Luzifer (auflachend) :
                         Das hast du gut erraten ! -
Denn ein Mensch, Gott bewahre,
bin ich nicht;- und gedenke es auch
nie zu werden.

Michael :   *Wer oder was bist du denn dann ?*

Luzifer (sich mit grosser Geste vorstellend) :

        Luzifer, so werde ich genannt.
        Der hell leuchtende Morgenstern.-
        Ich bin derjenige,
        über den in eurer Bibel die schönen
        Worte stehen :
        Leuchtender Morgenstern, wie konntest
        du fallen ?
        Du wurdest zu Boden geschlagen,
        der du alle Völker niederschlugst.
        Der Fürst dieser Welt bin ich.
        Gekommen als Gott der Erneuerung.
        Mit meiner Hilfe wird es dir gelingen
        die Welt zu erneuern und schöner
        zu machen.- Vollkommen !!
        Und das willst du doch ? - Oder ?!

Michael :

        Ich spüre, daß du es nicht ehrlich
        meinst.- Hinter all' dem steckt
        ein ganz anderer Plan !!

Luzifer :

        Wieso ein Plan ?- Der Erneuerung
        bedarf doch alles von Zeit zu Zeit,-
        nicht wahr ?
        Nun,- bist du nun bereit mir zu folgen?
        Damit ich dich lehren kann,
        wie du gewaltige Kräfte aus dem
        Kosmischen schöpfen kannst.
        Wenn ja, so komm'.
        (er geht schnell auf den Hintergrund
        zu, bleibt direkt vor dem Zaun stehen
        und wendet sich wieder der Szene zu.)
        Nun, was ist ? Willst du nun,
        oder willst du nicht ?

>   *Willst du nicht Herrscher werden ?*
>   *Herrscher über die Welt ? -*
>   *Ja, da staunst du, nicht wahr ?! -*
>   *Den Herrschertrohn biete ich dir an !*

Michael :   *Aber ich will nicht herrschen.*
                  Noch will ich beherrscht werden.-
                  Ich will nur erneuern.- Nichts weiter !

Luzifer :   *Nun, dann komm'.-*
                  (Er streckt Michael seine Hand
                  entgegen.)

  Michael geht langsam, etwas zögernd, auf ihn zu. Gerade als er die Hand Luzifers ergreifen will ist ein lauter Donnnerschlag zu hören. Ein gewaltiger Blitz schlägt in den Stamm der Esche ein und erhellt ihr Inneres. Erneut wird die Frauengestalt sichtbar.

Michael (erschrocken, sich umwendend) :
                  Was ist das ?!

Esche :   *Fürchte dich nicht.-*
                  Denn ohne es selbst zu wissen,
                  hast du mich gerufen.-
                  Gekommen
                  bin ich, dich zu warnen.
                  Wohl heisst der,
                  mit dem du gehen willst, Luzifer .-
                  Auch wird er Lichtbringer genannt.-
                  Auch ist er der Fürst der Erneuerung.-
                  Doch lass' dich nicht täuschen !-
                  Wohl erneuert er und macht alles
                  wieder schön.-

Aber all dies tut er, indem er alles
verbrennt und zerstört.-

Michael wirft Luzifer einen entsetzten Blick zu und weicht vor ihm zurück. Luzifer tritt provozierend auf ihn zu.

Esche :   *Also wäge ab, was du tust.-*
                           Nur wisse auch, daß nur dort,
                           wo das Alte weicht,
                           etwas Neues entstehen kann.-

Wieder ist ein gewaltiger Donnerschlag zu hören. Das Licht im Stamm erlischt. Nur ein fahler bläulicher Lichtschein leuchtet vom Hintergrunde herauf.

Michael (entsetzt) :
                           Zurück von mir !!-

Luzifer :   *Was soll das ? - Sag mir,*
                           wann und wo habe ich
                           dich jemals betrogen ?

Michael :   *Du hast mir nicht gesagt,*
                           wie du die Welt erneuern willst.

Luzifer :   *Und du hast mich nicht danach*
                           gefragt !!
                           Erneuern wolltest du !- Nicht wahr ?! -
                           Nach dem Wie hast du nicht gefragt !!

Michael (sinnierend) :
                           Das stimmt, das Wie ... ich vergaß es,-
                           Doch wie sollte ich auch erahnen ...

Luzifer :	Was ... erahnen ??
Michael :	... das du einen solch schrecklichen Weg gehen wolltest !
Luzifer (leicht verärgert) :	So willst du mir nicht folgen ?
Michael (energisch) :	Nicht auf diesem Weg !!
Luzifer :	So willst du also nicht zum Erlöser für diese nur noch dahinsiechende Welt werden ?
Michael :	Doch, dafür würde ich jedes erdenkliche Opfer bringen.
Luzifer (zufrieden) :	Na, also.- Dann komm mit mir.- Machen wir uns auf den Weg.- (er weist nach hinten)
Michael :	Aber gewiss nicht auf dem deinigen !!
Luzifer :	Auf welchem Weg sollte es sonst gelingen ?
Michael :	Es muss noch einen anderen geben.- Ich will, daß es noch einen anderen Weg gibt,- als den deinigen !!-

Luzifer :	*Was willst du ?-*
	Schau, daß Menschengeschlecht,
	so wie es heute dahinsiecht ...
	vollkommen verkommen ...
	den höheren Sinn seiner Existenz
	vollkommen vergessend ...
	lebt es in einem unveränderlichen
	Alltagstrott, wie Herdenvieh, dahin ...
	So war es immer, und so wird es
	immer sein :
	Nur eine gewaltsame Veränderung der
	Lebensbedingungen wird die
	Menschen aufwecken und sie
	dazubringen, den Sinn des Lebens
	neu zu erkennen.- Sie gehen unter oder
	sie schaffen es, sie zu erneuern.-
	Das Alte, Bestehende,
	muss dem Neuen weichen !!--
	(stampft mit dem Fuss auf)
	Notfalls mit Gewalt !!

Michael (sich aufbäumend) :
       Nicht mit Gewalt !!

Luzifer :   *So willst du mir also nicht folgen ?*

Michael :   *Nein !!*

Luzifer :   *Nun gut.- Dann bleibe hier.-*
       Auch ohne dich wird alles in die
       Brüche gehen.-

Michael :	*Was soll das heissen ?*
Luzifer :	*Es heisst, daß deine Entscheidung nichts an dem Schicksal dieser Welt ändert.-*
Michael :	*Und was wird aus Eva und mir ?*
Luzifer (zuckt mit den Schultern):	
	Woher soll ich das wissen ??
Michael :	*Meinst du, daß auch die Beziehung zwischen Eva und mir in die Brüche gehen wird?*
Luzifer (für sich) :	*Nun denn.- Wie wär's mit ein wenig Eifersucht ? Die hat schon so manchen Bund zerrissen.-*
Michael (für sich) :	*Aber, was sollte unser Glück zerstören ? Wir lieben uns doch.-*
Luzifer (zu Michael) :	
	Ihr liebt euch.- Na und ?! Innerhalb der nächsten Tage, so glaube mir, wird Eva einen anderen Mann kennenlernen.-
Michael :	*Was für einen anderen Mann ?!*

Luzifer :	*Einen anderen Mann ! -* *Sie wird Gefallen an ihm finden.* *Er ist wohlhabend und kann ihr ein* *besseres Leben bieten,* *als du es jemals könntest.-*
Michael :	*Ein besseres Leben ?*
Luzifer (geht auf Michael zu) :	*Ich dachte, du liebst sie ?* *Wie könntest du ihr dann* *ein solches Leben verwehren ?*
Michael :	*Reichtum allein macht nicht* *glücklich.*
Luzifer :	*Trotzdem ! - Sie wird sich in ihn* *verlieben.-*
Michael :	*Du musst dich irren ! -* *Das kann nicht sein !-*
Luizfer :	*Kann ... oder darf ... nicht sein ??*
Michael :	*Sie wird mich nie verlassen.-*
Luzifer :	*Auch wenn du's nicht glauben* *willst, ... es wird geschehen.-*
Michael :	*Ich werde, wie ein Löwe,* *um sie kämpfen.*
Luzifer (für sich) :	*Gegen einen Drachen ?* *Keine Chance !-*

Michael (drohend) : Ich werde das Schicksal wenden !-
Oder ist das Schicksal etwas
Unveränderliches ?

Luzifer : Oh nein,- gewiß nicht.
Der Natur beliebt es
sich stets in einem Zustand der
ewigen Veränderung zu befinden.-
Schliesslich richtet sich das Morgen
nach dem, was heut' geschah.
Und die Gegenwart
ist nichts anderes als die
Vergangenheit der Zukunft.
(er lacht laut auf)

Michael : Das, was du erzählst erscheint mir
fremd.

Luzifer : Wenn Eva dir den Laufpaß gibt,
wirst du mir dann folgen ?

Michael (nachdenklich) :
Wenn ich da nicht einschlage,
so wär's so,
als würde ich ihr nicht trauen.-
(mit fester Stimme)
Und wenn ich ihr nicht auf
Gedeih und Verderben vertraue,
dann habe ich kein Recht mehr,
ihr Freund zu sein.

Luzifer (ihm die hand entgegenstreckend) :
Also schlägst du ein ?

| Michael : | *Eva vertrauend schlage ich ein.-* |

Michael gibt Luzifer die Hand. Ein Donnergrollen ist in der Ferne zu hören. Michael zuckt erschrocken zusammen und blickt sich verunsichert um. Luzifer macht eine triumphierende Geste.

Luzifer (höhnisch lachend) :
Dann auf mein Knabe.-
Zerschmettert, zertrümmert
sei so der letzte treue Bund.
(er eilt schnell ab.
Sein Lachen verhallt in der Ferne.)

Michael wankt langsam rückwärts, bis er am Stamm der Esche lehnt. Er wendet sich schnell um, umfasst den Stamm, blickt zur Krone hinauf.

Michael :
Nun, mein alter Baum.
Mein guter alter Freund. -
Habe ich da nicht eben
einen Fehler gemacht ?

Kurzzeitig glimmt das Innere des Stammes in einem fahlen grünlichen Schein auf. Dann erlischt es, während Michael langsam an dem Stamm zu Boden gleitet.

Bei Michaels letzten Worten beginnt das Orchesternachspiel. Der Vorhang schliesst sich langsam mit den letzten Takten.

Orchesternachspiel :
Tschaikowsky , Eugin Onegin,
Akt 2, Bild 2, Coda

5 Minuten Pause

Bild 3

Orchestervorspiel :

**Wagner, Tristan und Isolde,
Vorspiel Akt 3**

Kurz vor dem Einsatz des English-Horn öffnet sich der Vorhang äusserst langsam.- Unter der Esche sitzt ein alter Mann (Hermes) und bläst eine Schalmei. Die Baustelle nimmt jetzt den gesamten Hintergrund ein. Der Bauzaun geht direkt an der Esche entlang. Aus dem äussersten rechten Vordergrunde kommt Michael mit langsamen Schritten herauf. Er wirkt nachdenklich. Er geht zur Esche, blickt zu ihrer Krone hinauf. So verharrt er bis zum Ende der Musik.

Michael (macht ein paar Schritte auf den alten Mann zu) :
> *Herr,- warum spielt ihr so eine traurige Weise ?*
> *Könnt ihr nicht etwas Lustiges spielen ?*

Hermes : Junger Freund,- diese alte Weise gilt nicht dir.
> *Für diesen uralten Baum habe ich sie gespielt.*
> *Morgen wird die Weltenesche fallen.-*

Michael (resignierend) :
> *Morgen schon ?*

Hermes : Ja.- Du weisst es doch selbst.
> *Die Natur muß weichen*
> *vor der Gewalt des Menschen.-*

Michael : Warum dieser Baum ? -
> *Was hat er den Menschen getan ?*

Hermes :	*Was hat er für dich getan ?*
Michael :	*Er spendete mir Schatten* *an heissen Tagen.-* *In seinem Schatten träumte ich* *wunderbare Träume.* *In meinem Zweifeln spendete er* *mir Trost und Zuversicht.-* *Nur Gutes hat er mir getan.-*
Hermes :	*Und dennoch ...*
Michael :	*... muss er sterben.-*
Hermes :	*Geburt und Tod.- Geboren werden* *und Sterben.-* *Zwei Seiten der gleichen Medaille.-*
Michael (für sich) :	*Der Alte spricht genauso* *geheimnisvoll wie Luzifer.-*
Hermes (Michaels Worte hörend, für sich) :	*Luzifer war also schon hier !?*

Die Abenddämmerung setzt ein

Michael :	*Wie alt mag er wohl sein ?*
Hermes :	*Wen meinst du ?*
Michael :	*Den Baum.-*

Hermes (sich erhebend) :
> *So alt wie dieser Baum ist die Welt !-*

Michael :
> *Und wie alt ist die Welt ?-*

Hermes :
> *Die Welt hat keinen Anfang*
> *und kein Ende.*
> *Sie ist in einem ewigen Wandel*
> *begriffen.*
> *Nie endend.- Hat nie begonnen.-*

Michael :
> *Ewig ?! - Was bedeutet das ?*

Hermes (etwas unwirsch) :
> *Fragst du immer soviel ?*

Michael :
> *Manchmal schon !- Ohne zu*
> *fragen, bekommt man*
> *keine Antworten.-*

Hermes (lachend) : Das ist richtig.- Nun, also :
> *Denke dir einen Kreis.*
> *Auf diesem Kreis gehst du*
> *jetzt entlang. Und wenn du am*
> *Ende der Linie angekommen bist,*
> *dann ist eine Ewigkeit vergangen.*

Michael (geht auf einer Kreislinie) :
> *Aber wenn der Kreis erst einmal*
> *geschlossen ist,*
> *dann hat er weder Anfang*
> *noch Ende.*

Hermes (nickend) : Du sagst es ! - Und wie dieser Kreis geschlossen und ewig ist, so ist auch das Leben ewig. Hat weder Anfang, noch Ende. (er lächelt Michael an)

Michael : Aber warum hat der Mensch dann Angst vor ... zum Beispiel ... einem Weltuntergang.

Hermes : Ach, du meine Güte ?! - Weltuntergang !- Wenn die Welt alles ist ;- alles umfasst ... wohin, um Gottes Willen, sollte sie dann untergehen? Mit dem Weltuntergang meint der Mensch meist dieVeränderungen in seinem Leben. Der Abschied von seinem Selbstbild zum Beispiel. Oder in einem grösseren Zusammenhang gedacht ... der Zusammenbruch seines Weltbildes.

Michael : So bricht nur unsere geistige Vorstellung des Bildes zusammen, daß wir von der Welt haben ?!-

Hermes (nickend) : Sieh dir die wissenschaftlichen Errungenschaften an. Wie oft hat die Menschheit ihre Sichtweise von der Welt ändern müssen, aufgrund neuer

Erkenntnisse. Aber bedenke:
Die Welt hat sich dadurch nicht
verändert.
Sie ist gleichgeblieben.
Nur eure Sichtweise hat sich
verändert und wird sich immer
wieder verändern bis ihr erkennt ...
(für sich) wieder die erleuchteten
Wesen seid, die ihr einst ward.

Michael :   *Aber warum haben dann alle Angst*
                 vor dem magischen Jahr 2012 ??
                 Was passiert dann ?

Hermes schüttelt den Kopf und legt dabei den
Zeigefinger auf die Lippen.

Michael :   *Keine Antwort ?*

Hermes :   *Darüber, mein junger Freund,*
                 darf ich dir im Moment noch nichts
                 sagen.- Doch blicke dich doch um.
                 Überall entsteht Chaos. Die Welt
                 gerät ,anscheinend , aus den Fugen.
                 Alle Werte gehen verloren.
                 Euer festgefügtes Bild von der Welt
                 fällt auseinander.-

Michael :   *Und weshalb geschieht dies alles ?*

Hermes :   *Das Alte muss dem Neuen weichen.-*

Michael (für sich) : *Das Gleiche hat auch Luzifer*
                       gesagt ! -

Hermes :	*Und wer krampfhaft an dem Alten festhält wird mit ihm untergehen.-*
	Wer sich der Evolution entgegen stemmt wird von ihr ...
	sagen wir mal so ... wird von ihr ... überwunden.-
Michael (für sich) :	*Hatte Luzifer also doch recht ?!- Das Schicksal der Menschheit ist besiegelt?!*
Hermes :	*Hörst du mir überhaupt noch zu ?*
Michael :	*Gewiss ! - Doch lösen deine Worte sehr viel Unbehagen bei mir aus.-*
Hermes :	*Sieh' dich um.- Erkenne, daß du ein Teil der Natur bist und damit ein Teil des Ganzen.- In der Natur gibt es weder Zank noch Streit.- Alles unterliegt einer harmonischen Ordnung.*
	Auch der Mensch war ein Teil dieser Ordnung. Bis er sich, vor langer Zeit, über sie erhob.
	Er dachte, er wäre die Krone der Schöpfung und kehrte der Natur den Rücken zu.
	Er begann sie für seine Bedürfnisse zu nutzen;- und schliesslich beutete er sie aus. Mißbrauchte sie.- Heute betreibt er einen regelrechten Raubbau.
	Einst entließ er sich selbst

aus der natureigenen Harmonie.
Seine heutige innere Zerrissenheit
rührt daher.
Er sehnt sich nach Ruhe und
Harmonie und findet sie nicht mehr.-
Den Weg zurück in die Natur ist
versandet;- verschüttet.
Nur unter Überwindung grösserer
innerer Schwierigkeiten kann er
den Weg zurück wiederfinden.
Noch wesentlich schwieriger ist es
aber ihn dann auch noch
zurückzugehen.

Michael :   *Und kennst du den Weg ?*

In diesem Augenblick verdunkelt sich die Szene zunehmend. Wind kommt auf.

Michael :   *Komisch, wie dunkel es auf*
                         einmal wird.

Ferner Donner ist zu hören. Ferne Blitze.
Michael geht nach rechts, blickt in alle Richtungen. Geht dann in den äussersten Hintergrund und sieht sich dort um. Hermes hat sich währenddessen hinter der Esche versteckt.

Michael :   *Wo ist er denn hin ?*

Wetterleuchten überall. Ein greller Blitz zuckt über den Himmel. Dann folgt ein heftiger Donnerschlag. Mit dem Donnerschlag erscheint , wie aus dem Nichts, Luzifer und geht schnell auf Michael zu.

Luzifer :	*Guten Abend, mein lieber Freund.*
	Geht es dir gut ? -
	Was steht zu Diensten ?
Hermes (für sich) :	*Dacht' ich mir' s doch ! -*
	Freund Luzifer ließ nicht lange
	auf sich warten.
	(Er verschwindet im
	Hintergrunde)
Luzifer :	*Wie geht es deiner geliebten Eva ?*
Michael :	*Ich habe sie seit zwei Wochen*
	nicht gesehen !
	Vor zwei Tagen wollte ich sie
	besuchen. Sie war nicht da.-
Luzifer :	*Wo war sie denn ?*
Michael :	*Ich weiß es nicht.-*
Luzifer :	*Kommt sie heute abend hierher ?*
Michael :	*Zumindest hat sie es mir*
	versprochen.-
Luzifer (blickt in die Ferne) :	
	Noch ist nichts von ihr zu sehen.-
	Bist du dir sicher, daß sie kommt ?
Michael :	*Sie hat es versprochen ! -*
Luzifer :	*Also warten wir.-*

Michael setzt sich unter die Esche. Luzifer geht unruhig auf und ab.

Luzifer (direkt an der Baustelle) :
                       Hier geht es aber schnell voran.-

Michael :   Ja leider.- Viel zu schnell.-

Luzifer geht weiter im Hintergrunde auf und ab. Von Zeit zu Zeit bleibt er stehen und hält nach Eva Ausschau.

Michael :   Musst du immer herumlaufen ?

Luzifer :   Macht dich das etwa nervös ?

Michael :   Im Moment schon.-

Luzifer :   Meinst du, daß sie noch kommt ?

Michael (sich erhebend) :
                       Sie muß ganz einfach kommen !!

Luzifer :   Glaubst du ... das sie noch kommt ?

Michael (resigniert) :Nein.-

Luzifer :   Dann können wir ja gehen ! -

Michael :   Wohin ?

Luzifer :   Erinnerst du dich nicht mehr an
                       dein Versprechen ?!
                       (tritt an Michael heran)

	Sie wird wohl etwas anderes
	vorhaben, als sich ausgerechnet
	mit dir zu treffen.-

Michael :   *Etwas Besseres vorhaben ?*

Luzifer :   *Bist du so naiv,*
               oder tust du nur so ...?

Michael :   *Meinst du etwa wirklich ... ?*

Luzifer (wie in die Ferne blickend) :
               Was ich sagte, wurde wahr!!-

Michael :   *Ich kann es nicht glauben.-*
               Ich will es nicht glauben.-

Luzifer :   *Irren ist menschlich.*
               (lacht leise in sich hinein)

Michael :   *Dann soll es wohl so sein.-*
               Ich komme mit !-

Luzifer :   *Der Augenblick ist da. -*
               Abschied heisst das Zauberwort. -
               Also komm. -

Michael :   *Geh' du voraus.- Ich folge dir.-*

Luzifer geht schnell nach dem rechten Hintergrunde zu. Michel zögert kurz und folgt dann. Von links vorne, aus dem äussersten Vordergrunde kommt Eva heran.

Eva :   Michael !!

Michael bleibt wie versteinert stehen. Wendet sich dann erstaunt um.

Michael :   *Eva ! - Ich dachte schon,*
                               du kommst nicht mehr.
                               (er macht einige Schritte
                               auf sie zu)

Eva :   *Aber ich hatte es doch*
                               versprochen.-
                               Früher ging es leider nicht.-

Michael :   *Ist doch jetzt egal.- Du bist hier. -*
                               Du bist gekommen.

Im Hintergrunde Wetterleuchten. Luzifer steht in der Mitte des Hintergrund und verfolgt die Szenerie aufmerksam.

Michael :   *Hattest du soviel zu tun ?*

Eva (verlegen) :   *Nein.-*

Michael :   *Warum hattest du dann nie Zeit*
                               für mich ?

Eva :   *Ich ... ich habe jemanden anderen*
                               kennen gelernt.-

Michael :   *Und ? - Was bedeutet das ...*
                               für uns ?

Eva :	Ich ... ich habe mich in diesen jemand verliebt.-
Michael :	Und was wird jetzt aus uns ?
Eva :	Ich weiß es nicht.-
Michael :	Wir beide waren uns doch schon so sicher.- Haben unsere gemeinsame Zukunft geplant.- Und jetzt ?
Eva :	Jetzt liegen die Dinge anders.
Michael :	Das hört sich so an, als hättest du dich schon entschieden ! -
Eva :	Ja, ...
Michael :	Also ist alles aus !? -
Eva (aufhorchend) :	Aus ? - Wieso ? - Wir haben uns doch immer so gut verstanden. Weshalb sollte sich daran etwas ändern ? Wir können doch trotzdem Freunde bleiben,- oder ist das nicht möglich ?!
Michael :	Doch,- ja,- eigentlich hast du recht.- Aber ... nein ... nicht, es geht nicht.-

Eva :	*Dann ist wohl wirklich alles aus!?*
Michael :	*Ja.- Alles ist aus.-*
Eva :	*Dann werde ich jetzt gehen ...*
Michael (sich abwendend) :	
	Adieu ! -

Eva geht ein paar Schritte in die Richtung, aus der sie kam. Dann bleibt sie kurz stehen.

Eva :	*Ich wünsche dir alles Gute.-*
Michael :	*Ich dir auch.- Falls du jemals Hilfe brauchst, ich werde immer für dich da sein.*
Eva :	*Danke.-* *(sie geht langsam, zögernd, weiter)*

Luzifer stürzt vom Hintergrunde her sehr schnell in den Vordergrund und reisst triumphierend die Hände nach oben. Evs wendet sich ihm erschrocken zu.

Luzifer :	*Triumpf ! -Triumpf !- Zerrissen, zerschmettert ist der letzte reine Bund.-*

Donnergrollen von überall her. Ein starker Wind kommt hörbar auf. Die Szene verdüstert sich. Fällt in einen dunkelblauen Dämmerschein.

Luzifer (lacht grässlich auf) :
> *Jetzt ist' s geschehen, worauf ich*
> *soooo lange warten musste.*
> *Die Liebe ist erloschen ...*
> *auf Erden.-*
> *Das Ende der Menschheit ist da. -*

Eva (erstaunt auf Luzifer blickend) :
> *Aber Thomas, was tust du da?*
> *Was sagst du da für schreckliche*
> *Dinge ?*

Die ganze Szenerie wird erhellt von Blitzen. Donnergrollen. Hilferufe und Schreie von Menschen sind, von dem Hintergrunde her, zu hören.

Michael (geht eilig auf Eva zu) :
> *Wie ? - Was ? -*
> *Wen nennst du hier Thomas ?!*

Eva (deutet auf Luzifer) :
> *Nun, ich meine ihn !!*

Michael :   *Das ist also dein jemand ? -*
> *Sprich ! - Ist er das !?*

Eva :   *Ja,- er ist es !! - Wieso ?*

Michael (laut rufend) :
> *Luzifer, daß hast du dir ja fein*
> *erdacht !!*

Eva :   *Ich verstehe nicht.-*
> *Wer ist Luzifer ?*

Michael (auf Luzifer deutend) :

*Dieser da, den du deinen Freund
nennst.
Denjenigen, der dich geschickt dazu
brachte unsere Liebe zu verraten.*

Eva : *Er ?!*

Michael : *Darf ich dir vorstellen : Luzifer !
(Luzifer macht eine Verbeugung
in ihre Richtung)
Luzifer, den Morgenstern.-
Der vom Himmel
auf die Erde gestürzt wurde.
Dem Fürsten des Stolzes
und der Erneuerung.
Der erneuert, indem er alles zerstört.
(geht ein paar Schritte auf
Luzifer zu)
Einst wurdest du aus dem
Himmelreich verstossen.
Als engelgleicher Dämon irrst du
seit jenen Tagen durch die Welt
und versuchst sie zu verderben.-
(wendet sich Eva zu)
Das, liebe Eva, ist dein Freund.-*

Eva (entsetzt) : *Welchen entsetzlichen Irrtum bin ich
da erlegen ?
Wo hatte ich nur meine Augen ? -*

Michael : *Verblendet hat er dich. Wie viele
vor dir ! -
Beinahe wäre auch ich ihm erlegen.*

Eva (fällt Michael um den Hals) :
Beinahe.- Doch du hast mir noch
rechtzeitig die Augen geöffnet.

Luzifer (triumphierend) :
Ha ! - Jammern und Heulen hilft euch
nichts mehr. Seht nur dort drüben.-
Die Welt brennt schon.
(lacht hässlich auf)
Eure Einsicht kommt zu spät.

Eva : Wenn du nicht gewesen wärst ...

Michael : Das ist nicht mehr so wichtig.-
Wir haben uns wiedergefunden.-

*Luzifer (geht in den Hintergrund, der sich immer mehr
verdunkelt) :*
Seht nur, wie es brennt.-
Die Menschheit geht unter.
Ha, da ! - Die Mauer stürzt ein.
Der Drache wühlt sich heran. -
Wird alles verschlingen.-

Von der Baustelle zieht Nebel und schwarzer Rauch auf.

Eva : Ja, du hast recht.-
Wir gehören zusammen.
Wir haben schon immer zusammen
gehört.-

Michael : Seit Ewigkeiten.-

Luzifer :	Er verschlingt alles.- (lacht)
	Wie ein Lavastrom strömt alles Leben
	in ihn hinein.-
	Hineingespült durch Regen und
	Schlamm.- Von all den Urgewalten. -
	Alles wird verschlungen.
	Für alle Zeiten.

Luzifer : Er verschlingt alles.- (lacht)
Wie ein Lavastrom strömt alles Leben
in ihn hinein.-
Hineingespült durch Regen und
Schlamm.- Von all den Urgewalten. -
Alles wird verschlungen.
Für alle Zeiten.

Eva : Ich liebe dich.-

Michael : Ich weiß.-

Beide stehen engumschlungen in der Mitte, direkt vor der Esche.

Michael (Luzifer zurufend) :
Du, da,- Luzifer ! - Sieh her ! -

Luzifer (begeistert) :
Nein, nicht ! - Seht erst hier !

Michael : Sieh hierher.- Das sag' ich dir !
Hier steht der Keim der neuen Welt.-

Luzifer (wendet sich um, und erschreckt) :
Was seh' ich ! - Verrat ! -
(mit einem Schrei des Entsetzens
stürzt er nach hinten über
und ist sogleich verschwunden.)

Die Dunkelheit und der Rauch nehmen weiter zu.

Michael : Hast du Angst ?

Eva :	*Nicht, wenn du bei mir bist !*
Michael :	*Das bin ich ! - Und werde es immer sein ! -*
Beide :	*So steht denn die Liebe über allem.- Und der Tod ist in dem Sieg verschlungen.-*

Hier setzt Musik ein.

D. Schostakowitsch : Synfony No. 11 , Satz 2

Er zieht sie sanft an sich heran. So bleiben sie bis zum Schluß der Szene. Der Lärm, der bisher im Hintergrunde war, kommt näher. Überall steigt Rauch auf. Durch den Rauch ist von Zeit zu Zeit ein Feuerschein zu sehen. Wirr durcheinander hasten die Menschen über die Szene und versuchen verzweifelt zu entrinnen. Sie reissen den Zaun nieder. Kreischen und Schreie sind zu hören. Der Feuerschein wird immer heller. Das Hochhaus steht plötzlich in Flammen.

In dem Moment, in dem die Musik endet, ist alles plötzlich vollkommen still.

Auf dem Boden liegen viele Tote herum. Der Hintergrund wird von einer grossen Feuerwand gebildet.

Eva :	*Ist es vorbei ?*
Michael :	*Gleich.-*

Die Feuerwand bricht zusammen. Sie erlischt vollständig. Alles fällt in einen dunkelblauen Dämmerschein.

Michael :   *Jetzt ... ist es vorbei ! -*

Beide lösen sich von einander und blicken in den Hintergrund. Dieser lichtet sich und ein riesiger dunkler Raum wird sichtbar.

Musik setzt ein.

D. Schostatowitsch : Synfony 11, Satz 3

Hier und da wallt ein leichter Nebel auf. Der bläuliche Dämmerschein wird allmählich von hinten her immer heller. Ein grünlicher Schimmer kommt dazu. Man sieht, wie der Raum von vorne links nach hinten rechts von Gestalten langsam durchschritten wird. Links und rechts von ihnen wallt Nebel in den unterschiedlichsten Farben auf. Es sieht so aus, alsob jeder für sich allein geht. Die Nebelschwaden werden immer dichter, sodaß die Gestalten nach einiger Zeit nicht mehr zu sehen sind. Der Nebel leuchtet in verschiedenen Farben auf.

Michael :   *Komm !*

Der Nebel beginnt sich, von hinten her, zu teilen. Die Gestalten sind nicht mehr zu sehen. Von hinten bricht langsam ein Licht durch den Nebel, das immer heller wird. Als sie von dem Licht ganz eingehüllt sind erlischt es. Nur der bläuliche Dämmerschein bleibt für einen Moment. Dann erlischt die Szene ganz. Hier endet auch die Musik.

Als der Dämmerschein, in einem lichten Grün, zurückkehrt, sitzen Michael und Eva im mittleren Vordergrunde im Lotossitz. Die Augen geschlossen. Nach einer Weile öffnet Michael die Augen und blickt sich zögernd um. Dann steht er auf un degth ein wenig umher. Dort, wo er hingeht, wird es heller. Nachdem er sich umgesehen hat geht er zu Eva, kniet neben ihr nieder und führt eine hand über ihr Gesicht. Dabei öffnet sie die Augen. Beide blicken sich eine Weile lächelnd an. Eva erhebt sich und die Szene lichtet sich jetzt gänzlich. Dadurch wird im Hintergrund ein grosses Portal sichtbar, zu dem drei Stufen hinaufführen. Links und rechts wird es von jeweils einer grossen Säule eingerahmt. Voller Erwartung gehen sie zögernd auf das Portal zu.

Musik erklingt

Mussorsky / Ravel :
Bilder einer Ausstellung , Catacomben

Stimme (monoton, in die Musik hinein) :
Höre ! -
Sehe ! -
Schweige ! -

Während das Licht vor dem Portal langsam abnimmt, wird es hinter ihm immer stärker. Beide durchschreiten das Portal. Als sie das Licht vollkommen verschluckt hat. Schliesst sich der Vorhang langsam mit den letzten Takten der Musik .

Ende des ersten Teils

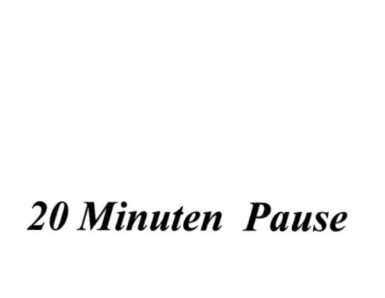

20 Minuten Pause

Flügel muss man bekommen,
Um zu seinem Ziel
zurück fliegen zu können.

H. Vogelei

Teil 2

**Mendelsohn – Bartholdy :
Paulus, Teil 1, Einleitung**

SZENE 1

Während der letzten 5 Takte öffnet sich der Vorhang äusserst langsam. Die Szene stellt einen Innenhof dar. Von rechts führt eine Treppe von oben herab, deren Ende in Dunkelheit liegt. Der Hof wird von zwei Halbkreisen, ähnlich einer Manege, gebildet. Eva sitzt am Rand der Manege. Michael steht, sich umblickend, in deren Mitte.

Michael (nachdem die Musik geendet hat) :
> *Mir kommt es so vor, alsob ich hier schon einmal gewesen bin.*

Eva :   *Weisst du noch, wann das war ?*

Michael :   *Das ist bestimmt schon ewig lange her.-*

Auf der Treppe kommt eine Gestalt herab. Sie bleibt so stehen, daß ihr Oberkörper im Dunkel liegt.

Michael :   *Auch hatte ich damals einen anderen Namen.-*
> *Glaube ich ... Wenn er mir nur wieder einfallen würde.-*

Gestalt (Hermes) :
> *Animus ! -*

Michael (wendet sich der Treppe zu) :
            Ja ! - Das war mein Name.-
            Woher wisst ihr ihn ?

Hermes tritt aus der Dunkelheit hervor. Er trägt jetzt ein langes weisses Gewand, auf dem ein Kreis mit sieben Sonnen sichtbar ist.

Hermes :   *Ich sage dir doch, daß ich dich länger*
            kenne, als du denken kannst.-

Animus (Michael) :
            Ja, richtig. Michael hieß ich.-
            Aber warum trage ich jetzt erneut
            meinen wahren Namen ?!

Hermes :   *Weil du nicht mehr dort bist,*
            wo du diesen Namen erhalten hast.-
            Aber frag' nicht weiter.-
            Alle Fragen, die du hast,
            werden beantwortet werden.-
            Nur nicht alle auf einmal.
            Ruhe dich jetzt erst einmal aus.
            Du hast einen langen beschwerlichen
            Weg vor dir.-

Animus (Michael) :
            Und was ist mit meiner ... Gefährtin ?
            Geht sie nicht mit mir ?

Hermes :   *Nein,*
            ihr ist ein anderer Weg bestimmt.-

Eva (leicht protestierend) :
Aber ich will mit ihm gehen !

Hermes : *Keine Angst,*
ihr werdet euch schon bald
wiedersehen.-

Animus (Michael) :
Wie heisst sie ?

Hermes : *Wenn die Zeit gekommen ist,*
wirst du ihren Namen wissen !

Animus (Michael) :Dann muß es also sein ... ?

Hermes : *Es muss ... sein !*

Animus (Michael) :Habe keine Angst.-
Es ist alles gut so, wie es ist.-
Wo das Ende ist, dort ist Beginnen !
Wo das Ende steht : Gelingen !

Hermes nimmt Eva bei der Hand und führt sie die Treppe hinauf. Animus setzt sich im mittleren Vordergrund nieder.

Animus (Michael) :Komisch.- Warum werde ich denn auf
einmal so müde ?

Er gähnt. Legt sich dann zum Schlafen nieder. Direkt hinter ihm erscheint die Frauengestalt aus der Esche, in einem fahlen grünen Dämmerlicht. Währenddessen verdunkelt die umliegende Szene vollständig.

Esche :   *Mit drei Waffen sollst du kämpfen.-*
                            Großzügigkeit, Geduld und Weisheit.-

Animus (Michael) :
                            Das sollen meine Waffen sein !-

Der Lichtschein erlischt

Szene 2

Die Szene erhellt langsam und stellt jetzt eine Waldlichtung dar. In der Mitte, direkt hinter Animus, steht ein grosser Felsen. Animus liegt schlafend am Boden. Von links hinten kommt ein Schäfer heran. In der einen Hand trägt er eine Laterne, in der anderen einen Stab. Er geht umher, als würde er etwas suchen. Als er Animus bemerkt tritt er an diesen heran.

Schäfer (leise) :   *Er schläft.-*
                             Hoffentlich träumt er gut.-

Ein fernes Gewitter ist zu hören. Wetterleuchten.

                             Anscheinend kommt ein Gewitter
                             auf.
                             Bis dahin muß ich das verirrte
                             Schaf gefunden haben.

Er rüttelt Animus leicht.

                             Herr ! - So wacht doch auf ! -

Animus streckt und reckt sich. Er schlägt die Augen auf und blickt in den Himmel.

Animus :   *War das ein schöner Traum.*
                             Es war so,
                             als würde ich auf einer Lichtung
                             mitten im Wald liegen.

Schäfer :   *Aber das habt ihr nicht geträumt.-*

Animus : Wer seid ihr ? Was wollt ihr von mir ?

Schäfer : Was ich von dir will ? -
Bestimmt nichts Böses !
Ihr habt geschlafen und hättet leicht
überfallen werden können.-
Hier gibt es viele wilde Tiere.-
Seht, ich habe immer eine Waffe
dabei.-
Was hätte euch alles zustossen
können,
hätte ich euch nicht entdeckt.-

Animus : Schlecht stände es dann um mich.-
Doch sagt, wo bin ich hier ?

Schäfer : Ich heiße Matthias.-
Und wie du siehst,
bist du hier genau dort,
wohin du dich geträumt hast.
Auf einer Waldlichtung.

Animus : Aber gerade eben war ich ...
doch ... noch ...

Schäfer : Was meinst du ?

Animus (gedankenverloren) :
Ich weiß es ... nicht mehr ?!

Schäfer :	Das ist nicht gut, wenn ihr alles so schnell vergesst.-
	Aber sprecht, wollt ihr mir helfen ?
Animus :	Wobei ?!
Schäfer :	Dort drüber, hinter den Hügeln, bin ich der Schäfer einer grossen Herde.
	Jetzt scheint's,- dass sich eines verlaufen hat.- Und wenn ich es nicht vor der Dunkelheit finde, wird es bestimmt von den wilden Tieren gefressen. - Denn mit der Dunkelheit kommen die wilden Tiere aus ihren Höhlen.
	Auf der Suche nach Nahrung.-
Animus :	Natürlich helfe ich dir.-
	Doch sagt, ist es nicht gefährlich, die Herde allein zu lassen ?
Schäfer :	Herr,- froher wäre ich gewiss dieses eine verirrte Schaf wieder zu finden, als es, die Herde bewachend, den wilden Tieren zu überlassen.-
Animus :	Wie sieht es denn aus, daß Schaf, das ihr sucht ?
Schäfer :	Ach, ungern läuft es mit der Herde. Immer auf der Suche nach neuen besseren Wegen.

Durchaus fand es einen Weg,
der besser ist,
als der den die Herde geht.
Deshalb wandert es allein
über Wald und Feld.-

Animus :

Sagt, sind es wirklich Schafe,
von denen ihr sprecht?

Schäfer :

Nein.- Doch sind sie genauso
abgestumpft wie diese.
Ach,- so hilflos sich zu wehren.-
Durch diese Schwäche werden
sie schon bald zugrunde gehen.

Animus :

Sagt,- sprecht ihr von den
Menschen ?
Bin ich vielleicht jenes Schaf,
das ihr sucht ?!

Bei dieser Frage schlägt ein greller Blitz direkt neben dem Schäfer ein, der sich sogleich in Nichts auflöst. Zügig verschwindet das gesamte Bühnenbild von der Aufführungsfläche.

Szene 3

Der gesamte (leere) Raum wird in ein dunkelblau getaucht. In der Mitte des äussersten Hintergrunde steht ein kleines Licht. Animus ist beim Blitzschlag niedergestürzt und erhebt sich langsam.

Animus :
> *Was war das für ein Schäfer ?-*
> *Sollte er mich davor warnen*
> *den falschen Weg zu gehen ?*
> *Gewiss wollte er mich warnen.-*
> *(blickt sich um)*
> *Alles still.-*
> *Kein Wesen ist zu sehen.-*
> *Was ist das für ein Licht ?*
> *Ist dieses Licht das Ziel ?*
> *Soviele Fragen.-*
> *Und keiner, der Antworten gibt.-*

Langsam geht er in den Raum hinein. Das Licht wandert mit seiner Bewegung mit, sodaß es so aussieht, als würde er sich ihm spiralförmig nähern.
Eine Zeit lang ist nur der leere Raum zu sehen. Dann tauchen langsam, vom Hintergrunde her, hohe Felswände auf. Es wird allmählich heller.-

Als die Verwandlung beendet ist steht Animus an dem Eingang zu einer Felsenschlucht. Links und rechts ragen hohe Felsenwände auf. Rechts sitzt eine alte Frau mit ungepflegten Haaren und zerrissenen Kleidern. Animus betrachtet sie lange.

Animus :
> *Auf wen wartest du ?*

Frau :	*Wenn ihr der seid, der ohne Angst durch diese Schlucht geht, dann seid ihr es, auf den ich gewartet habe !*
Animus :	*Siehst du einen anderen Weg ?*
Frau :	*Nein,- leider nicht.-*
Animus :	*Also muß ich hindurch.-*
Frau :	*Aber sie sagen, daß man sich selbst verliert, wenn man die Schlucht durchwandert. Und davor habe ich Angst.- Ich will nicht verloren gehen.-*
Animus :	*Gibt es etwas, was du verlieren könntest ?*
Frau :	*Die Erinnerungen an längst vergangene Zeiten. Sie verlöschen vollkommen, so sagen sie.*
Animus :	*Was bringen dir diese Erinnerungen ? Was vergangen ist, kannst du nicht mehr ändern.- Weshalb also blickst du zurück? Und nicht nach vorne ?!*
Frau :	*Hast du nie schöne Stunden in deinem Leben gehabt, an die du dich gerne erinnerst ?*

Animus :	*Das wohl,- aber trotzdem sind es vergangene Dinge.-*
	Gelebtes Leben.-
	Unverähnlich im Buch des Lebens eingetragen.- Aber die Zukunft, die können wir noch ...
Frau :	*Warum sprichst du nicht weiter ?*
Animus :	*Ich musste gerade an SIE denken.-*
	Sie,- die ich zurückgelassen habe ...
	Ich wollte ihr ...
	so glaube ich zumindest ...
	diesen beschwerlichen Weg ...
	ersparen ... Für uns beide ...
	wollte ich ihn auf mich nehmen ...
Frau :	*Verzage nicht, lieber Freund.-*
	Glücklich bist du, daß weiß ich genau.-
	Ihr habt schon an eurem eigenen Kreuz genug zu tragen und habt ein zweites aus freien Stücken, zusätzlich auf das Eurige geladen.-
	Das spendet Trost !-
	Es bringt die verlorene Hoffnung in mein Herz zurück,
	das es noch Menschen gibt,
	die für die anderen da sind.
	Darum, mein lieber Freund, verzagt mir nicht.-

Animus (lange schweigend, dann) :
        Wartest du schon lange hier ?

Frau :	*Jahre mögen es sein !*
Animus :	*Und in der ganzen Zeit kam keiner* *hier vorbei ?!*
Frau :	*Doch.- Es kamen viele.* *Und haben die Schlucht* *durchschritten.-*
Animus :	*Und keiner nahm dich mit ?*
Frau :	*Nein.- kein Einziger.* *Alle sahen mich nur prüfend an* *und gingen dann,* *ohne auch nur ein Wort an mich zu* *richten, hindurch.-*
Animus :	*Mögen sie alle ...*
Frau :	*Nein ! - Nicht ! -* *Laß die richten, die dazu berufen* *sind.* *(blickt ihn lange schweigend an,* *dann :)* *Komm, - laß uns gehen.-*
Animus :	*Hast du denn keine Angst mehr ?*
Frau :	*Doch.- Aber was wichtiger ist :* *Ich habe die Hoffnung* *wiedergefunden.-*

Animus (reicht ihr die Hand) :
                    Dann komm.- Laß mich dein Führer
                    sein.-

Die Frau nickt ihm schweigend zu und reicht ihm
ebenfalls die ihrige.

Sie gehen in den Eingang der Schlucht.- Das Geräusch
von fliessendem Wasser ist zu hören. Die Szene fällt
wieder in eine dunkelblaue Tönung. Die hohen Felswände
verschwinden langsam. Animus und die Frau sind nur
schemenhaft zu erkennen. Der Raum fällt in ein
Farbenspiel, ganz ähnlich einem Kalaidoskop. Beide
gehen in dem Farbenspiel fast unter.

Animus :   *Halte dich an mir fest.-*

Frau :   *Ich will es versuchen.-*

Animus :   *Spürst du etwas ?*

Frau :   *Nein.- ich spüre keine Veränderung*
                      Doch, Halt ! -
                      Ich verliere langsam das Gefühl für
                      meinen Körper.-
                      (erregt) Ich verliere mich ! -
                      (schreit auf) Nein ! -
                      Ich will nicht.-

Animus (mit ruhiger Stimme) :
                      Beruhige dich.- Gehe weiter.-
                      Dein Körper zerfällt vielleicht zu
                      Staub.- Doch du ! -
                      Du selbst aber bleibst.-

Frau (entsetzt) :   *Ich habe das Gefühl, als würde ich versinken.-*

Animus (beschwörend) :
     Denke immer daran.- Du bist du.-
     Du bist du selbst.-
     Du kannst nicht verloren gehen.-

Frau (sinkt zu Boden) :
     Ich kann nicht.-

Animus :   *Du musst.- Komm,- ich halte dich.*

Frau :   *Nein,- laß mich.- Hier kannst du mir nicht helfen.-*
     Hier muß ich selbst hindurch.-
     (sie kriecht langsam am Boden weiter)

Im dunklen Hintergrund wird die Silhouette eines Ausgangs sichtbar, durch den Licht hereinscheint.

Animus :   *Siehst du, dort ist der Ausgang.-*

Ein grosser rötlicher Schein legt sich über den Ausgang.

Frau :   *Wo ist er ?*

Animus :   *Dort, wo der rötliche Schein den Raum erhellt.*

Er geht in die Richtung. Die Farben werden langsam dunkler.

Animus :	*Beeil' dich. Es wird immer dunkler.*
	Sonst finden wir nicht mehr hinaus.
	(blickt sich nach ihr um.)
	Wo bist du ?
Frau :	*Hier.-*

Animus geht auf sie zu

Frau :	*Nein,- laß mich.- Geh' du nur*
	weiter.- Es wäre schrecklich,
	wenn du wegen mir nicht mehr
	aus diesem Raum herauskommen
	würdest.
Animus :	*Ich lasse dich nicht allein zurück.*
	(Er hilft ihr auf.) Komm'.-
	Gemeinsam, oder garnicht.
Frau :	*Ja,- ich will es versuchen.-*

Der Ausgang wird wieder kurzzeitig sichtbar

Animus :	*Dort müssen wir hindurch.*

An verschiedenen Stellen entsteht ein rötlicher Feuerschein. Schwefliger (gelber) Nebel wallt auf.

Animus :	*Geht es noch ?*
Frau :	*Ja,- es geht.-*

Sie gehen in das Rot hinein. Ein leises Donnergrollen ist zu hören.--

Von allen Seiten kommen grässlich aussehende Wesen heran, die eine erdfarbene faltige Haut haben. Sie kommen in einem humpelnden gekrümmten Gang heran.
Gleichzeitig wandelt sich die Szene in das Innere einer grossen Felsengrotte. Animus und die Frau betreten durch roten Schein des Durchgangs die Grotte. Die Wesen treten ihnen in den Weg.

Ein Wesen :   Ihr bleiben hier.-
                      Ihr nicht weitergehen.-
                      Wir hier zugrunde gehen.-
                      Wir euch hier festhalten, damit
                      ihr nicht weitergeht.-

Animus :   Was ließ euch zugrunde gehen ?

Ein anderes Wesen : Dieser Raum.-

Animus :   Was ist das für ein Raum ?

Die Wesen lachen

Ein Wesen :   Er nicht wissen, welches Raum das
                      ist ?!
                      Ist innerer Raum von ihm !
                      (deutet auf Animus)

Animus :   Mein innerer Raum ?!

Ein anderes Wesen : Ja,- das sein innerer Raum von
                      diesem da.
                      (deutet ebenfalls auf Animus)

Animus :   *Dann seid ihr alles Projektionen*
                               meiner selbst.- Ihr gehört zu mir.-
                               Nein, ihr gehört nicht zu mir.-

Allgemeines Gemurmmel zwischen den Wesen.

                               Ihr seid das, was mich zu dem
                               macht, was ich bin.- Ihr seid ich !-

Die Wesen bilden einen Kreis um Animus und setzen sich
nacheinander hin. Die Frau steht im Hintergrunde,
ausserhalb des Kreises.

Animus (blickt die Wesen nacheinander – abwechselnd -
an) :
                               Ihr seid diejenigen,
                               die mir das Gefühl gaben,
                               daß mehrere Seelen in
                               meiner Brust wohnen.-
                               Und in Wirklichkeit seid ihr alle
                               nur der Eine :- ICH!
                               Aber, wie kommt es,
                               daß dies' Eine dann
                               oftmals eine innere Zerrissenheit
                               in sich verspürte ? -
                               Und doch, so hoffe ich,-
                               tat ich immer das Richtige,
                               wenn ich auf eure Stimmen hörte.-
                               Eure Stimmen, durch die ich im
                               Stande war, das Für und Wider
                               einer Sache wohl sorgsam
                               abzuwägen.--
                               Damals, meine ich ...
                               damals, als ich ... ich ...

Ich vergaß, was damals war ... --
Damals war ich ...
und doch ein anderer ...
oder nein ... nicht doch ...
doch vielleicht ich?!

Die Wesen erheben sich langsam nacheinander und gehen langsam weg.

Animus (wie abwesend) :
Wer ist das ? - ICH ?!

Ein Wesen kommt auf ihn zu, nimmt ihn bei den Schultern, zieht ihn an sich heran und küsst ihm auf die Stirn. Sogleich fällt Animus in einen schlafähnlichen Zustand. Das Wesen geleitet ihn vorsichtig zu Boden.

Wesen (sehr sanft) : Schlafe gut und träume wohl.

Musik setzt ein.

Ludwig v. Beethoven : Synfony No. 7, Satz 2

Es erhebt sich. Blickt die Frau lange an und geht dann, den anderen folgend, davon. Die Wände der Grotte lösen sich auf. Über der Szene liegt wieder der (leere) dunkelblaue Raum. Die Frau tritt direkt hinter Animus. Ein Zug von Gestalten, deren Häupter mit langen Schleiern verdeckt sind, durchschreiten – quer – den Raum. Die Frau kniet neben Animus nieder, streicht ihm zärtlich über das Gesicht und folgt dann dem Zug der Gestalten.
Als die Musik endet ist die Bühne, ausser Animus **_vollkommen_** leer.
Es bleibt etwa 15 Sekunden **_vollkommen_** still.

Szene 4

Diese Szene ist eine reine Pantomimen – Szene. Komplett mit Musik untermalt.

Musik :
Franz Liszt ,
Dante- Synfony, Satz 1
(ohne Andante amoroso)

An verschiedenen Stellen wallt Nebel auf. Die gesamte Szene fällt in einen rötlichen Schein. Eine zerklüftete Gegend wird sichtbar. Von allen Seiten kommen Gnome, Hexen, Kobolde, Nymphen (etc) heran und tanzen wild herum. Im mittleren Hintergrunde, auf einer Anhöhe, steht ein grosser Scheiterhaufen. Allgemeiner Rundtanz um den Scheiterhaufen herum. Satan mit seinem Gefolge erscheint.--

Freudengebrüll.- Der Tanz wird bis zur Extase geführt. In diesem Moment bittet Satan um Ruhe. Eva wird in einem Bussgewand hereingeführt. Satan deutet an, daß sie auf dem Scheiterhaufen verbrannt werden soll und dadurch zu einem Geschöpf der Hölle wird. Allgemeines Freudengeschrei.

Animus, der sich bisher sehr unruhig herumgewälzt hat, erwacht mit einem Entsetzensschrei. Eine Gruppe von Hexen tanzt um ihn herum. Animus erhebt sich und versucht sich zu Eva durchzukämpfen. Als er sie erreicht nimmt er sie bei der Hand und will sie mit sich fortziehen. Nach wenigen Schritten verwandelt sich Eva in ein grässliches Höllenwesen, daß mit einem Dolch auf Animus zustürzt. Eva sticht zu und trifft Animus direkt ins Herz. Er bricht zusammen. Hohngelächter Satans. Eva, jetzt wieder in natürlicher Gestalt, wird zum Scheiterhaufen geführt und dort gefesselt. Animus erhebt sich und wankt auf Eva zu. Der Scheiterhaufen wird entzündet. Als Animus den Scheiterhaufen erreicht sieht er, daß dieser leer ist und bricht, wie betäubt zusammen. Satan triumphiert und verschwindet. Sein Gefolge tut es ihm mit den letzten Takten der Musik, gleich. Der rötliche Schein wandelt sich in ein lichtes Grün. Die zerklüftete Gegend bleibt.

Szene 5

Animus (erhebt sich) :   *War es ein Traum, oder*
                             Wirklichkeit,was ich sah ?
                             Ich weiß es nicht.-
                             (blickt sich um)
                             Wie trostlos sieht es hier aus ?!
                             Richtig ungemütlich.

Von hinten kommt Luzifer, in einem langen dunkelblauen Gewand, in gemessenen langsamen Schritten heran. In einiger Entfernung bleibt er, im Folgenden Animus zuhörend, stehen.

Animus :   *Wie lang mag der Weg sein,*
                             den ich bereits gegangen bin?-
                             Wie lang ist der, der noch
                             vor mir liegt ?
                             Wohin soll ich gehen ?-
                             Ich weiß es nicht ! -
                             Woher kam ich ? -
                             Ich weiß es nicht ! -
                             (er überlegt eine Weile, dann :)
                             Ist das überhaupt wichtig ?
                             Ist wichtig, was gewesen ist ?
                             Ist wichtig, was noch kommt ?
                             Ist es nicht vielleicht wichtiger ...
                             (er sinkt auf die Kniee)
                             Nein,- das muß anders heissen !-
                             Ist es wichtig, zu wissen,
                             wer man einst war ?
                             (wie sich selbst antwortend :)
                             Nein.-
                             Ist es wichtig, zu wissen,

was einst sein wird ?
(wie sich selbst antwortend :)
Nein.-
Der Augenblick ist wichtig.-
Das Jetzt.-
Ich bin hier, - an diesem Ort
zu dieser Zeit,-
wegen der Dinge, die ich tat.--
Und der Dinge, die ich nicht tat.--
Jetzt.--
Dort begegnen sich
Vergangenheit und Zukunft.-
Nur an diesem Ort,
der zwischen den Zeiten liegt,
kann ich etwas verändern.

Luzifer (mit milder Stimme, sehr ruhig) :
Ja,- so ist es richtig.-
Dein Wirken hat Auswirkungen.-
Ohne dein Wirken geschieht ...
NICHTS ! -

Animus (erschrocken, sich erhebend) :
Wer ist da ?!!

Luzifer :
Luzifer.- So nennt mich die Welt.-
Der Lichtbringer bin ich.-
(er tritt vor.)

Animus (zurückweichend) :
Luzifer ?! -
Fürst der Erneuerung.-
(wie sich erinnernd :)
Eva und Luzifer ...

Liebe bis in den Tod ...
Ja,- Luzifer ...
Erneuerung durch
Zerstörung und Vernichtung !!

Luzifer :   *Aber, lieber Freund ...*

Animus   *(zurückweichend, mit*
abwehrender Handbewegung) :
Ich, dein Freund ! -
Das ich nicht lache ! -
Zurück ... zurück von mir !!

Luzifer :   *Was wirst du sonst tuen ?*

Animus :   *Ich laufe davon !-*

Luzifer :   *Wohin willst du laufen ?*

Animus :   *Fort von hier !*

Luzifer :   *Und vor wem läufst du davon ?*

Animus :   *Vor dir !-*

Luzifer (belustigt) :   *Falls du es vergessen hast :*
Wir befinden uns in
deinem inneren Raum.
Alles, was du im Moment sehen
kannst bist du selbst.-

Animus :   *Auch das hier ? Diese Einöde ?-*

Luzifer :	*Diese Einöde auch ! -*
Animus :	*Und du ?*
Luzifer :	*Ja, ich auch ! -*
Animus :	*Ich verstehe nicht ganz ?!*
Luzifer :	*Was ist daran so schwer zu verstehen ?!*

Animus (wie sich erinnernd) :
Gab es überhaupt jemals etwas,
das ich ganz verstanden habe ?
Im Endeffekt verstand ich,
und verstand doch nicht !
Ich habe immer nur gedacht,
daß ich verstanden hätte.-
Ich Tor.-
(lacht über sich selbst.)
Ich Narr ! -

Luzifer (ernst, erhabend) :
Parzival ! -

Animus' Lachen verstummt, als Luzifer den Namen ausspricht.

Animus :   *Der, der durch das Tal.-*

Luzifer (entfernt sich langsam) :

> *Anfangs bist du Toren gleich,*
> *aber in der Armut reich.-*
> *Endlich, wie es heller wird,*
> *siehst du, wie du dich verirrt.-*
> *Die Begierde, riesengroß.-*
> *Fasst dich.-*
> *Lässt dich nicht mehr los !-*
> *Kein Genuß, der sie erreicht.-*
> *Kein Erfüllen, das ihr gleicht.-*
> *So selig - unselig strebt ein jeder*
> *solang er lebt nach seinem Gral.-*
> *Auch du bist ... Parzival.-*

Luzifer verschwindet mit den letzten Worten im Hintergrunde

Animus (gedankenverloren) :

> *Parzival,- der durch das Tal.-*
> *In die Tiefen meines Seins muß ich*
> *hinab.-*
> *Hinab in meine ureigenste Hölle !*
> *Aber habe ich sie eben nicht*
> *schon erlebt ?-*
> *Doch ich sah sie nur als*
> *Traumgebilde.-*
> *Vielleicht ist' s auch im Traume*
> *nur zu ertragen !-*
> *(er setzt sich auf einen*
> *Felsvorsprung)*
> *Gerne käme ich an einen Ort,*
> *wo meine Gedanken ruhen*
> *könnten.-*

Auch hier ist es ruhig.-
Schon fast zu still.-
(Der Grünton der Beleuchtung
wandelt sich in ein helles Blau.)
Grauenhaft still.-
Still genug, um meinen Gedanken
freien Lauf zu lassen.-
So schliesse ich die Augen ein
wenig und lausche.-
(Setzt sich in den Schneidersitz.
So sitzt er eine zeitlang
unbeweglich dar,
dann :)
Aber, was hier innen ist, ist hier
doch in Wahrheit aussen !?-
Alles, was mich hier umgibt,
sind die Projektionen meiner
selbst.-
Innen ist aussen.-
(verzweifelt :)
Mein Gott,wer bin ich ?
(er steht auf, geht in den
Hintergrund und blickt in die
Ferne, dann wendet er sich
wieder der Szene zu.)
Kein Mensch ist zu sehen.-
Alles ist öd und leer.-
Wenn ich jetzt so leer bin,-
muß ich dann nicht früher
vollkommen erfüllt gewesen sein ?
Erfüllt von Leben ...
und ... Liebe ...?
Und wird dann nicht aus dieser
Öde auch wieder Leben neu

entstehen ...
mit all meinem Leid und Glück ?!-
Ja,- so wird es sein !-
Aber wo ist der Quell,
aus dem ich dies' neue Leben
schöpfen kann ?
Er ist' s, den ich suchen muss !-
Was ich finden muss,
ist das ICH SELBST.-
Nur indem ich mich selbst finde,
kann ich immer wieder von Neuem
geboren werden.-
Deshalb muß ich weiter gehen.-
Meinen Weg .- Unausweichlich.-
Und nur dadurch, daß ich ihn
gehe, kann ich sicher sein,
das der Weg zum Gelingen
führt.-
Denn man würde mich nicht auf
diesem Pfade wandeln lassen,
wenn er ins Verderben führen
würde.-
Diese Gewissheit macht mir Mut
allen Gefahren entgegen zu treten
und zu bestehen.-
Und ich weiß,
daß ihr Unsichtbaren mir helfend
zur Seite stehen werdet.-
(sehr entschlossen, wie
beschwörend :)
So lasst mich nicht bitten
um Schutz vor Gefahren,
sondern um den Mut,
ihnen die Stirn zu bieten.-

So lasst mich nicht bitten,
um die Stillung des Schmerzes,
sondern um die Herzenskraft,
ihn zu bezwingen.-
So lasst mich nicht in zitternder
Furcht nach Erlösung lechzen,
sondern hoffen,
durch Geduld meine Freiheit zu
gewinnen.- (er geht langsam
nach hinten weg.)

Szene 6

Von links, im Vordergrunde, kommt Hermes heran. Von rechts entsprechend Luzifer. Sie blicken dem davonschreitenden Animus hinterher.

Luzifer :   *Da geht er hin.-*

Hermes :   *Ja,- da geht er hin.-*
Und keiner, ausser er selbst,
kann ihm jetzt noch helfen.-
Entweder hatten wir recht,
und er geht seinen Weg zu Ende ...

Luzifer :   *... oder er fällt für ewige Zeiten.-*

Hermes :   *Möge ihn davor das Göttliche*
bewahren.-

Luzifer (tritt auf Hermes zu) :
                            Wird er jemals von uns erfahren ?

Hermes :   *Das wir zusammenarbeiten ?-*
Nur die beiden Seiten
ein und der selben Medaillie sind ?-
Ich glaube, daß er es ahnt ! -

Luzifer :   *Aber er zweifelt noch.-*

Hermes :   *Am Ende wird er seine Zweifel*
bezweifeln.-
Und Gewissheit tritt in sein Herz.-

Luzifer :	*Weisst du das ?- Oder hoffst du es ?-*
Hermes :	*Der Mensch kann Vieles verlieren,* *doch sich immer wieder aufraffen,-* *daß kann nur jemand,* *der die Hoffnung niemals aufgibt.-* *Hat er die Hoffnung aufgegeben,* *so fällt er und erhebt sich nie* *wieder.-* *Es sei denn, es gibt einen Menschen,* *den er liebt.-*
Luzifer :	*Ja,- nur der Eine kann' s.-* *Die Liebe erhebt ihn stets* *aus der Hoffnungslosigkeit empor.-*
Hermes :	*Diese gewaltige Kraft und ihm* *innenwohnende Energie* *mit Namen Liebe überwindet alles.-*
Luzifer :	*Dazu muß er aber erst einmal* *erfahren,* *wie die Macht der Liebe in ihm* *wirkt.-*
Hermes :	*Ja,- so ist es.-* *Er muß nicht nur erkennen,* *daß er sie besitzt.-* *Er muß auch noch herausfinden,* *wie sie anzuwenden ist.-* *Erst die Gewissheit, sie zu besitzen,-* *gepaart mit dem Wissen* *der richtigen Anwendung* *birgt den Erfolg in sich.-*

Luzifer :	*Und ? - Wird er dazu fähig sein ?*
Hermes :	*Wir werden es bald wissen.-*
Luzifer :	*Du hast recht.-*
	Die Götter selbst haben ihn nicht auf
	diesen gefahrvollen Weg geführt,
	damit er so kurz vor
	dem Ziel noch stürzt.-
	Mit dieser Gewissheit können
	wir in ruhig ziehen lassen.-

Musik beginnt.

Mussorsky / Ravel :
Bilder einer Ausstellung, Ochsenkarren

Luzifer und Hermes beabschieden sich gestenreich voneinander und verschwinden langsam in verschiedene Richtungen. Während die Musik anschwillt fällt die Szene in eine totale Schwärze.- Als diese wieder ruhiger wird wandelt sich das Schwarz allmählich in ein zartes Grün.-

Szene 7

Die Szene zeigt jetzt ein Kruzifix in der Mitte des Hintergrundes. Mehrere Birken umrahmen ihn. Vor ihm kniet ein junger Mann, der genauso, wie Animus aussieht. Von links kommt Animus heran.- Als er den jungen Mann sieht, bleibt er verwundert stehen,- geht dann aber zögernd auf ihn zu.-

Animus :   *Herr, entschuldigt, daß ich euch in eurer Andacht störe,-
aber könnt ihr mir sagen,
wohin dieser Weg führt ?-*

Mann (*schlägt das Zeichen des Kreuzes vor seiner Brust, erhebt sich und wendet sich Animus zu :*)
*Dieser Weg führt euch geradewegs
dort hin, wohin ihr wollt .-*

Animus :   *Ich wollte ... ich wollte ...
Alles ist so öde und leer.-
Ich habe vergessen,
was und wohin ich wollte.-*

Mann :   *Nun denn.-
Dann werdet ihr euer Ziel nicht finden.-*

Animus :   *Ich muß ... ihn finden.-
Den Weg dort hin ...
muß ich finden.-*

Mann :   *Aber, wenn du nicht weißt, woher du kamst.-
Nicht weißt, an welcher Stelle deines*

Weges du dich befindest.-
Nicht weißt, wohin dein Weg dich
führen soll, ...
Dann findest du weder Weg, noch Ziel.-

Animus (verzweifelt) :
Sagt,- wisst ihr vielleicht, welches Ziel
ich hatte ?
Und welcher Weg zu ihm führt ?-

Mann :
Ich weiß nicht.- Seid ihr allein
gekommen ?

Animus :
Ja,- ganz allein.-

Mann :
Dann seid ihr aber weit gekommen.-

Animus :
Ganz allein.- Bis hierher.-

Mann :
Habt ihr keinen Menschen,-
keine Menschenseele,
die mit euch gegangen ist ?

Animus (wei sich erinnernd) :
Doch ... nebelgleich entsteht die
Erinnerung vor meinen Augen ...
Da war sie ...
Sie, die einst meine Gefährtin war.-

Mann :
Gefährtin?! - Sie ließ dich allein ?

Animus :
Damals, als ich meine Wanderung
begann,
da war sie da.- Da waren wir ... eins.-

Mann : Hast du sie danach jemals
wiedergesehen ?

Animus : Nein,- den Weg ging ich allein ...
für uns beide.-

Mann : Aber du erinnerst dich an sie ?-

Animus : Ja,- ich erinnere mich ... an alles.-

Mann (lächelnd) :
Sie ist hier ! -

Animus (überrascht) :
Wo ist das ? - Hier ? -

Mann : Nur eines kann ich dir sagen.-
Und zwar, das du ganz nah
an deinem Ziele bist.-

Animus : Wie nah ?

Mann : Näher, als du denkst ! -

Animus : Kann ich sie sehen ?

Mann : Kennst du ihren Namen ?

Animus : Nein,- oder doch ?!

Mann : Wenn du ihren Namen rufst,
dann wird sie kommen.

Die ganze Szene erstrahlt in lichtem Weiß.- Dann zerfällt
es in den Regenbogen der Spektralfarben.- Ein leiser
Paukenwirbel liegt über der Szene.

Animus :   *Ihren Namen ?! -*
                              Woher sollt ich ihn kennen ?

Mann :   *Nur Ruhe.- Lasse dir Zeit.-*
                              Tief in deinem Innersten liegt er
                              verborgen.
                              Der wahre Name deiner
                              Gefährtin.-
                              Nur noch dieser eine Schritt,
                              und du weißt ALLES .-

Animus (wie beschwörend) :
                              Lang war der Weg des
                              Entbehrens.-
                              Lang war die Zeit des
                              Verwehrens.-
                              Doch die Zeit gekommen ist,
                              wo jeder Argwohn jäh erlischt.-
                              In diesem Augenblick entsteht das
                              Schöne, Entsteht das Neue.-
                              (entgeistert :) Anima,-
                              Ja, so heisst sie.-
                              Animus und Anima.-
                              Die Zwei, die zur Eins wurde.-

Mann :   *Es ist vollbracht ! -*
                              Jetzt brauchst du selbst mich
                              nicht mehr !
                              (Er versinkt so hinter dem
                              Darsteller des Animus, daß es so

aussieht, als würde er
sich in Nichts auflösen.)

Eva – Anima, - jetzt in einem langen blauen Gewande, kommt langsam und zögernd auf ihn zu.

Szene 8

Musik erklingt.-

P. Tschaikowsky
Ballett Dornröschen, No. 28

Animus geht ebenfalls langsam und zögernd auf sie zu.-
Der Raum fällt in ein zartes helles Blau.-
Beide blicken sich lange an.- Nehmen sich bei den Händen
und machen dabei eine Kreisbewegung, bis sie seitlich
zum Publikum stehen.- Animus legt seine Hände um sie
und zieht sie an sich heran. Sie küssen sich. Als die Musik
endet lassen beide voneinander ab und machen jeweils
einen Schritt rückwärts.-

Animus :   *Du bist mein Yin und ich bin dein Yang.-*
                  Wir sind beide ein Ganzes.-
                  Entzweit waren wir ein Leben lang.-
                  Lass' uns jetzt für ewig gemeinsam
                  gehen.-

Anima :   *Bitte.- Lass' uns nicht weiter gehen.-*
                  Wer weiß, was dort auf uns wartet.-
                  Lass' uns lieber diesen schönen
                  Augenblick geniessen.-
                  Möge er ewig dauern.-

Animus :   *Dort wird nichts Schreckliches*
                  auf uns warten.-

Anima :   *Ich weiß nicht.- Ich habe Angst.-*

Animus :	*Wenn wir nicht weitergehen,*
	werden wir es nie erfahren.-

Anima (macht eine abwehrende Geste) :	
	Nein.- Nicht.-

Animus :	*Traust du den Unsichtbaren nicht ?!-*
	Sieh' mich an.- Durch sie bin ich bis
	hierher gekommen.-

Anima :	*Vielleicht auch nur durch dich selbst ! -*

Animus :	*Ich kam hierher.-*
	An diesen Ort, an dem ich ... dich ...
	fand.-
	(plötzlich, wie aufbegehrend :)
	Nein ! - Nicht dich wollt' ich finden.-
	Das Ziel.- Das grosse Tor.-
	Das führt mich zum Ziel.-
	Das Tor ist es, das ich finden wollte.-
	Das Tor ist es, ... das ich ... suche.-
	(sich besinnend :)
	Den Weg allein zu gehen,-
	das war sehr schwer .-
	Zu zweit wird es bestimmt besser
	gehen.- Also komm' .-
	Lass' uns gemeinsam gehen !-

Anima :	*Gemeinsam ?! -*

Animus :	*Gemeinsam,- wie damals.-*

Anima :	*Wann war das ?- Damals ?!*

Animus :   *Was es war ? -*
Wann es war ? -
Ich weiß es nicht.-
Aber, ich habe die Gewissheit,
das es WAR .-

Anima :   *Trotz einem wild pochenden,*
sich fürchtenden Herzen,
folge ich dir,-
egal wohin der Weg uns führt.-

Anima greift seine Hand und weicht sogleich mit einem Schrei von ihm zurück.-

Anima :   *Wer bist du ? -*
Deine Hand ist kalt, wie Eis.-
Jetzt sehe ich auch ...
deine Haut ist ganz weiß.-
Bist du wirklich derjenige,
den ich einst zurückgelassen habe,-
oder bist du nur sein Schatten ?-

Animus :   *Mag ich dir auch schattengleich*
erscheinen.-
Ich sage dir, ich weiß nicht wer ich
bin.- Doch ich weiß, das ich bin.-
Und das ich ich bin.-
Das allein ist es, was zählt.-
Frage mich nicht, wer das ist :
Ich.-
Doch eines kann ich dir mit
Gewissheit sagen :
Ich bin derjenige, der einst im

              Vorhof Abschied von dir nahm.-
              (nach einer Weile hauchend) :
              Eva.-

Anima (wie sich erinnernd) :
              Wie kamen wir in diesen Hof ?

Animus :   Durch ein Tor.-

Anima :   Ließ uns jemand ein ?

Animus :   Der Mann mit dem
                 Flammenschwert.-

Anima :   So fand ich dich wieder.-
                 Den ich mir schon auf ewig
                 verloren glaubte.

Animus :   Michael ! -

Anima :   Eva ! - Führe uns sicher auf
                 unserem Weg.-
                 Dir traue ich mehr,- als mir selbst.-

Animus :   Dann komm'.-

Sie treten wieder in der Mitte zusammen. Animus wirft
seinen Umhang um Anima.

Anima :   Ja, - laß uns gehen.-

Animus :   Der Pfad, auf dem wir jetzt
                  wandeln müssen,

ist gefährlich und schmal.-
Ein Fehltritt und ewige
Verdammnis ist unser Los !-

Animus :   *Ich vertraue dir ! -*
                    Geh' du voraus.- Ich folge dir.-

Musik setzt ein.

R. Wagner : Parsifal
Verwandlungsmusik, Aufzug III

Sie gehen langsam, Hand in Hand, nach hinten ab,- während sich die Szene rötlich einfärbt.- Als sie verschwunden sind erlischt das Licht vollends.-

Szene 9

Während der letzten fünf Takte der Musik kehrt der rötliche Schein zurück. Im äussersten Vordergrunde führt ein langer schmaler Steg über einen tiefen Graben.
Dahinter in einiger Entfernung – mittig - ein grosser Torbogen. Die komplette verbleibende Bühnenfläche ist – nach hinten – durch einen schwarzen Vorhang, der vom Schnürboden hängt, abgeschirmt. Animus und Anima treten seitlich, vom äussersten Vordergunde her, auf die Szene und bleiben direkt vor dem Steg stehen.

Animus :   Warte hier. (er geht bis zum Steg)
                                  Siehst du, dort drüben, das Tor ? -

Anima nickt.

Animus :   Hier müssen wir hinüber.-

Anima :   Über diesen schmalen Steg ?

Animus :   Ja,- einen anderen Weg sehe ich
                                  nicht.-

Anima :   Also gut.- Ich folge dir.-

Animus macht einen Schritt auf den Steg. Sogleich schlagen aus dem Graben Flammen empor. Rauch steigt auf. Animus macht einen Schritt zurück. Grässlich aussehende Menschen erheben sich im Graben. Sie sind ganz zerschunden und haben viele Wunden an ihrem Körper. Sie sind nur bis zu ihrem Oberkörper sichtbar. Anima verbirgt ihr gesicht in Animus Armen. Die Menschen erheben flehend ihre Arme zu den beiden.

Animus :   *Warum erschreckt ihr uns so ? -*

Ein Mensch :   *Menschen, sind wir, wie ihr.-*
                       Nur, daß wir uns auf jenem Pfade,
                       auf dem ihr wandelt, verirrten.-

Ein anderer Mensch : *Drum erhöre unser Flehen*
                       und erlöse uns aus dieser
                       Verdammnis.-

Animus :   *Sieh'.- Arme Gefallene sind es.-*
                       Doch sagt, wie sollt ich euch
                       erlösen können ?

Mehrere Menschen :   *Durch Mitleid.-*
                       (einzelne wiederholen diese
                       Worte, immer leiser werdend)

Ein Priester ist im Torbogen sichtbar geworden und hat
die Szene, seid Auftauchen der Menschen im Graben,
beobachtet.-

Priester (tritt näher) : Was lässt dich zögern auf dem
                       Pfad zum Lichte weiter zu gehen ?

Animus :   *Das Mitleid mit jenen,*
                       die vom rechten Pfade
                       abgekommen sind
                       und jetzt in ewiger Verdammnis
                       auf Erlösung hoffen.-

Priester (abweisend) :

> Höre nicht auf die Ungläubigen ! -
> Sie haben dein Mitleid nicht
> verdient ! -
> Komm' herüber ins Licht.-
> Und lass' diese dort in
> ewiger Verdammnis vergehen !

Animus :

> Wie kannst du es wagen,
> der du da im Glanze stehst,
> so unmenschlich sein ! -
> Kann kein Leid dein Herz
> berühren ?

Priester :

> Mitleid tötet !!

Animus :

> Dann nenne es Mitgefühl.-

Priester :

> Wenn dich aber gerade dieses
> Mitgefühl vom rechten Pfade
> abweichen lässt.-
> Denke an dein Wohlergehen.-
> Ignoriere diese leidigen Schwätzer.
> (die Hand ausstreckend) :
> Komm endlich ! - Tritt ins Licht !--

Allgemeines Wehklagen der Menschen im Graben.

Animus (zu Anima) : Ich gehe nun voran.- Folgst du
mir nach ?

Anima nickt. Animus beginnt hinüber zu gehen.

Menschen :	Hast du denn kein Mitleid.-
	Kennst du kein Erbarmen ?-
	Erbarme dich unser.- Erbarmen.-
	Erbarmen, ach,-Erbarmen.-
	(Jeder Satz wird jeweils von einer
	kleinen Gruppe der Menschen
	gesagt)

Animus (in der Mitte des Steges stehenbleibend) :

> Wenn Mitleid und Mitgefühl
> mich von diesem Pfade abbringen
> würden ...
> dann wäre dies nicht der Pfad
> zum Lichte.-
> Dann wäre dies alles Heuchelei ! -
> Hier stehe ich und wanke nicht.-
> Entweder gehen alle,- oder keiner.-

Priester :	Welche von diesen sind dir so lieb
	und teuer, daß du dieses Opfer
	auf dich nehmen würdest ?!
Animus :	Alle Menschen.-
	Ja,- jeder Mensch.-

Hier wird der Vorhang, der bisher den Blick auf den hinter dem Tor liegenden Raum verdeckt hat, nach oben schnell weggezogen. Der Raum fällt in ein kosmisches Blau.-

Animus schreitet über den Graben, in dem der rötliche Schein erlischt und starker Nebel aufsteigt. Anima folgt ihm. Der rötliche Schein im Graben erlischt und der Graben verschwindet.

Als sich der Nebel verzieht sieht man ein grosses Plateau, zu dem drei Stufen hinaufführen. Die Szene ist leer.-

Musik beginnt.

E. Humperdinck, Hänsel und Gretel,
Abendsegen und Engel-Pantomine
(orchestral)

Von links kommt Animus, von rechts Anima. Sie treffen sich in der Mitte des Plateaus. Sie tragen Priestergewänder.- Animus in rot.- Anima in blau.-

Die Szene wird zunehmend heller.- Animus und Anima wenden sich dem Hintergrunde zu. Dort wird ein grosser Torbogen sichtbar, der von einem hellen Lichtglanz erfüllt ist.- Dann erkennt man, daß ein Tunnel nach hinten weggeht.-Durch diesen Tunnel schreiten achtzehn Priester heran.- Sie bilden, auf dieser Seite, ein Spalier.- Dann kommt ein alter Mann heran.- Beide knieen vor ihm nieder und er segnet sie.- Dann geht er langsam zurück.- Die beiden folgen ihm durch den Tunnel.- Danach folgen die Priester.- Als der Lichterglanz langsam abnimmt erscheinen Luzifer und Hermes und blicken den Entschwindenden nach. Allmählich wird der Hintergrund und die gesamte Szene mit einem prachtvollen Sternenhimmel überzogen .- Zum Schluss erstrahlt die gesamte Milchstrasse im Raum.

Der Vorhang wir äusserst langsam geschlossen.

esoterische Anmerkungen

Der Autor gibt Hinweise
über die Bedeutung der Handlung

Das vorliegende Mysterien-Schauspiel entstand im Sommer des Jahres 1982 innerhalb einer Zeitspanne von ungefähr drei Wochen.-

Die erste und wichtigste Bemerkung, die ich bezüglich des vorliegenden Stückes machen muß ist die, das die Handlung nicht als real angesehen werden darf. Schon die Wahl der Namen aller handelnden Personen ist ein relativ eindeutiger Hinweis darauf.-

Da ist als erstes das die Handlung tragende Paar zu nennen :

Michael und Eva.-

Michael assoziiert unweigerlich den Erzengel Michael.-

Eva, die Dame aus der Schöpfungsgeschichte.-
(Luzifers Bemerkung im ersten Bild ' *Eva, die mit dem Apfel ist's* ' nimmt darauf direkt Bezug.-)

Zu der dritten Figur ist kaum mehr zu sagen, als was sie über sich selbst innerhalb des Stückes zu sagen hat : Luzifer. - Jener gefallene Engel, der auf Erden wandelt.

Sein (anscheinender) Gegenspieler ist Hermes. Hier in zweifacher Deutung. Einmal als Bote der Götter, als der er im antiken Griechenland angesehen wurde und gleichzeitig als der Geheimnis umwitterte Hermes Trismegistos. Von ihm sollen die hermetischen Lehren stammen.

Die drei Normen, jene nordischen Schicksalsgöttinnen, die die drei Zeiten darstellen, erscheinen ganz bewusst direkt zu Beginn und verweisen auf die Dinge, die geschehen sind. Sie bereiten, sozusagen, der eigentlichen Handlung das Feld, die erst mit dem Auftritt von Luzifer im ersten Bild beginnt.-

Aber beginnen wir mit den Erläuterungen nunmehr an der Stelle, wo sich nach dem einleitenden Orchestervorspiel der Vorhang öffnet.

Ganz bewusst zerfällt die Handlung nicht, wie üblich, in mehrere Akte, sondern in zwei vollkommen unterschiedlich aufgebaute Abschnitte (Teile).
Der erste Teil ist in drei einzelne Bilder unterteilt, während der zweite aus einer Folge von neun Bildern besteht, die nahtlos (durch Verwandlung) ineinander übergehen.

Die drei Bilder des ersten Teils stellen sich durch ihre chronologisch ablaufenden Handlung als Abbild der Raum – Zeit – Ebene dar.

Im zweiten Teil gehen die einzelnen Bilder nahtlos ineinander über. Zeit und Raum heben sich also optisch während der Verwandlungen auf. Besonders, da an einigen Stellen die Verwandlung fliessend ist. Durch diesen Aufbau wird also sehr deutlich vermittelt, daß es sich im zweiten Teil eher um ' geistige Räume ' handelt.

Teil 1 , Bild 1

Als sich der Vorhang öffnet ist es – noch gerade eben – Nacht. Von jeher wird der Tag dem Wach – Bewusstsein zugeordnet und das Unterbewusstsein der Nacht.

Die drei Nornen, jene Schicksalsgöttin, die laut der nordischen Mythologie unter der Weltesche sitzen und den Schicksalsfaden in das Leben der Menschen weben, sinnen über die Vergangenheit der Menschheit und deren jetzigen Entwicklungsstand nach. Die Menschheit schläft. Die Szene spielt zeitlich kurz vor der Morgendämmerung. Diese Grenzlinie zwischen Tag und Nacht entspricht jener Grenzlinie, die jeder Meditierende versucht zu erreichen. So ist diese erste Szene auch als eine Art Vorspiel zu sehen, da die eigentliche Handlung erst mit dem Auftreten Luzifers beginnt.

Entsprechend wird innerhalb der zweiten Szene (dem Gespräch zwischen Michael und Luzifer) der Tag anbrechen. Der Schlaf endet. Das Wach – Bewusstsein erwacht und der Mensch beginnt bewusst zu handeln. Die Szene ist so angelegt, als würde sie auf einem Hügel, eine Art Plateau, liegen. Auch dieser Ort hat Symbolcharakter. Das Plateau, die Bewusstseinsebene, liegt über der normalen Handlungsebene der Menschen. Weist also auf einen höheren Bewusstseinszustand hin, indem sich alle handelnden Personen befinden, wenn sie diese Szene betreten.

Die Eingangsszene erinnert stark an den Beginn von Wagners Götterdämmerung. Während dort aber das Zerreissen des Seils pessimistisch als ' zu End alles Wissen ' gedeutet wird, kommt hier die der Zukunft zugeordnete Norne zu der Einsicht, daß die bisherigen

Kreisläufe (Zyklen) enden. Der bisherige, sich ewig wiederholende Ablauf durchbrochen und etwas Neues kommen wird.--

Luzifer , der gefallene Engel, tritt in dem Moment auf, nachdem das Zerfallen des Seils das Ende des Bestehenden anzeigt.

Auch hier ist es wiederum kein Zufall, daß die erste auftretende Figur Luzifer ist. Die Esoterik spricht allgemein davon, daß wir im Moment im sogenannten dunklen (sprich : materialistischen) Zeitalter sind. Manchmal wird auch vom luziferischen Zeitalter gesprochen. Einst soll sich der Erzengel Luzifer (Lichtbringer) gegen die göttliche Ordnung aufgelehnt haben und löste damit den Sündenfall aus. Viele Engel sollen sich ihm angeschlossen haben, die jetzt ebenfalls als Menschen ihr Leben fristen.

Das zerrissene Seil zeigt ihm an, daß möglicherweise seine Zeit gekommen ist. Er hofft jetzt die Menschheit unter seine Herrschaft stellen zu können, muß aber feststellen, daß es noch Liebe zwischen den Menschen gibt.

Diese wird durch das Paar Michael – Eva dargestellt. Er versucht Michael zu verunsichern. Bezweifelt die Treue Evas. In diesem ersten Bild nimmt Michael die Sticheleien noch mit Humor. Er lenkt das Gespräch auf die Baustelle, die während der drei Bilder des ersten Teiles immer mehr Raum einnehmen wird und so ein Abbild der rücksichtslosen Zerstörung der Natur durch den Menschen ist. Als Luzifer wieder allein ist spricht er die Esche an, die in der Mitte der Szene steht. Begierig preist er ihre Zerstörung. Nach der nordischen Mythologie stellt die Zerstörung der Weltenesche gleichsam das Ende der Welt in ihrer jetzigen Form dar.

Teil 1, Bild 2

Michael kommt von der Arbeit und sinniert über den Sinn seines Handelns. Dann schläft er unter der Esche ein. Im übertragenen Sinne begibt er sich also, wie bereits zuvor bemerkt, in den Grenzlinien-Zustand und ist dadurch für spirituelle Belehrungen offen. In dieser Eingangsszene öffnet er sein Bewusstsein für den Spirit der Esche. Hier durch eine Frauengestalt im Stamm der Esche personifiziert. Der Spirit teilt ihm mit, daß ihm ein Kampf bevorsteht. Weist aber darauf hin, daß Michael diesen nur unter der Verwendung seiner geistigen Waffen gewinnen kann.

Luzifer tritt auf und weckt Michael recht barsch aus seinem Schlaf. Damit verhindert er, daß Michael weiter mit den höheren Stufen der Natur kommunizieren kann. Die Zeit drängt. Wenn Luzifer die Menschheit beherrschen will, muß dies schnellstens geschehen, bevor die höheren Kräfte eingreifen können. Er setzt dabei auf Verführung. Lädt Michael zu einer Reise ein. Aber Michael ist durch das Eingreifen der Natur (Esche) gewarnt und fragt nach dem Sinn und Zweck der Reise. Luzifers Ungeduld steigert sich, bis er nicht anders kann, als seine Ziele preiszugeben. Er stellt seine Ziele in Beziehung zu Michaels Wunsch einer grundsätzlichen Veränderung (Erneuerung) und zieht ihn damit bereits fast auf seine Seite. Erneut greift die Natur in das Geschehen ein. Der Spirit der Esche warnt Michael erneut und eröffnet ihm Luzifers wahre Absichten. Überlässt ihm aber die Entscheidung. Entsprechend dem Prinzip des Freien Willens. Als Michael zurückweicht verweist Luzifer darauf, daß auch ohne sein Zutun das Ende der Menschheit nah ist. In düsteren Farben stellt er den Zustand der menschlichen Gesellschaft dar. Auch diese

Schilderung bringt Michael nicht dazu seine Grundsätze zu verraten. Luzifer greift zum letzten Mittel und suggeriert Michael, daß Eva einen anderen Mann kennengelernt hat. Dieser zweifelt jedoch nicht an ihrer Treue und läßt sich auf einen Handel ein. Wenn Eva tatsächlich nicht treu ist, so will er Luzifer folgen. Triumphierend zieht Luzifer von dannen, während Michael mit Zweifeln an seiner Entscheidung zurückbleibt.

Teil 1, Bild 3

Zwischen dem zweiten und dritten Bild ist eine etwas längere Pause gelegt. Sie soll den zeitlichen Abstand zwischen den beiden Szenerien darstellen. Als sich der Vorhang nach einem längeren musikalischen Vorspiel öffnet hat sich die Baustelle erheblich vergrössert. Sie reicht direkt bis an die Esche heran. Ihr Fall steht also unmittelbar bevor. Hermes sitzt unter der Esche und spielt eine traurige Weise. Mit Hermes greift ein Vertreter der schöpferischen Kräfte des Kosmos in die Handlung ein. In dem ersten Abschnitt ihres Gespräches philosophieren Michael und Hermes über die voranschreitende Zerstörung der Natur durch den Menschen. Aber im Gegensatz zu Luzifer verweist Hermes darauf, daß Natur und Kosmos etwas wesentlich Umfassenderes sind, als sich Michael (der Mensch) vorstellen kann. Auch wenn sich die Welt an sich verändert, sie wird dennoch letztendlich nie *untergehen*, sondern höchstens eine Metamorphose (Umwandlung) durchmachen. Sie ist ewig. Hermes öffnet Michael die Augen dafür, daß das , was der Mensch als Weltuntergang bezeichnet, allenfalls ein rein geistiger Vorgang ist. Auch er verweist darauf, daß es immer wieder zwischenzeitlich solche Veränderungen geben muß. Im Gegensatz zu Luzifer werden diese aber als im positiven Sinne notwendige Umwälzungen dargestellt. Michael fragt konkret nach der Bedeutung des Jahres 2012.

Im Original wurde Bezug auf das Jahr 2000 genommen.

Hier muß Hermes die Antwort verweigern. Er gibt aber einen Hinweis, wie der Weg zu einer Gesundung der Menschheit und dadurch auch der ihn umgebenden Natur, aussehen müsste.

Luzifer erscheint. Er ist in Eile. Stellt sogleich die Frage nach Eva. Michael verweist auf das Versprechen sie hier zu treffen. Luzifer stellt dieses aber in Frage.

In dem Moment, als er sich bereits entschieden hat, Luzifer zu folgen, erscheint Eva.

Schlechtes Wetter zieht auf. Zeichen dafür, daß die Natur beginnt aus den Fugen zu geraten. Wetterleuchten. Donner. Blitze kündigen die unaufhaltsame Umweltkatastrophe an. Eva berichtet zögernd davon, daß sie sich in einen anderen Mann verliebt hat. Die Schnelligkeit des Eingehens dieser anderen Beziehung ist Sinnbild für den gegenwärtigen Umgang mit den Themen Zuneigung, Sex und Liebe. Die oft verwechselt werden. Eva hat sich offensichtlich verführen lassen. Sie geht auch nicht näher auf die Umstände, die dazu geführt haben, ein und signalisiert dadurch, daß sie daran auch nichts ändern will. Trifft aber auf Michaels Unverständnis. Für ihn war es Liebe. Im reinen Sinne dieses so oft mißbrauchten und mißverstandenen Wortes.

Luzifers Rechnung ist aufgegangen. Er glaubt triumphieren zu können. Das zerstörende Unwetter zieht herauf.

In diesem Moment erkennt Eva in Luzifer ihren neuen Freund. Auch hier stellt der Sachverhalt natürlich nur eine Entsprechung der Zusammenhänge dar. Ihr neuer Freund ist nicht im realen Sinne Luzifer. Gemeint ist die luziferische Energie, die sich in der Verführung Evas durch einen anderen Mann, ausdrückt. Die führt dazu, daß das Ausleben der Sexualität über den Wert der Liebe gestellt wird. Im übertragenen Sinn wurde hier also die Liebe an sich, die durch das Paar Eva-Michael symbolisiert wird, im wahren Sinne des Wortes zerstört. Eva erkennt in dieser Situation diese Zusammenhänge und wendet sich wieder der wahren Liebe, die Michael verkörpert, zu. Luzifers Triumph bricht in sich zusammen. Dennoch ist die Katastrophe nicht aufhaltbar. Die durch die immer bedrohlicher erscheinende Baustelle als Sinnbild für die Umweltzerstörung durch den Menschen steht in Flammen. Die Folgen dieses masslosen Raubbaus ist bei den Menschen angekommen. Sie werden Opfer ihres eigenen Handelns. Die Flammenbrunst, die am Ende den gesamten Hintergrund der Bühne ausfüllt ist keine Wagnerische Götterdämmerung.
Es ist Menschendämmerung.

Michael und Eva überleben dieses Inferno nur im übertragenen Sinne. Durch Michael hat Eva zu ihren eigenen Werten zurückgefunden. Deshalb überleben sie im spirituellen Sinne. Als die Menschendämmerung ihr Ende gefunden hat (Zusammenbruch der Feuerwand) sieht man die Menschen, verlorenen Seelen gleich, einsam und verlassen durch die Dunkelheit ihres Geistes wandern. Die Dunkelheit verweist hier als Symbol auf die Unwissenheit. Sie gehen ihren Weg anscheinend unbeirrt weiter. Angedeutet dadurch, daß sie die Bühne in eine bestimmte Richtung überqueren.

Michael und Eva hingegen, als Seelen, die die wahren Zusammenhänge verstehen, erwachen auf einer anderen Ebene des Bewusstseins. Die im Dunkel getauchte Umgebung hellt dort auf, wo Michael seinen Fuß hinsetzt. Die Ausstrahlung seines Bewusstseins führt dazu, daß sie den Weg, den sie zu gehen haben, erkennen. Das grosse Tor, das am Ende des ersten Teils erscheint, symbolisiert diesen Durchgang auf eine höhere Ebene des Bewusstseins (der Existenz). Mit drei mahnenden Worten werden sie empfangen. Hören und Sehen. Das sollen sie. Und Schweigen. Schweigen deshalb, weil die Erkenntnisse, die sie jetzt vermittelt bekommen, in keine verbale Sprache (verstehbar) übersetzt werden können.

Sie betreten ihren eigenen inneren Raum.

Das Licht, Symbol höchsten Wissens, verschluckt sie.

Teil 2

Der zweite Teil besteht aus neun Szenen, die nahtlos durch offene Verwandlung ineinander übergehen. Das sie mit den drei Bildern aus dem ersten Teil die magische Zahl Zwölf ergeben ist KEIN Zufall.

Teil 2, Szene 1

Nach einer orchestralen Einleitung öffnete sich der Vorhang langsam und gibt den Blick auf eine Szene frei, die ähnlich dem Schlußbild des ersten Teils ist. Michael und Eva versuchen sich an Vergangenes zu erinnern. Sie haben das Gefühl, daß sie an diesem Ort schon einmal gewesen sind. Ein Hinweis darauf, daß die Seele von diesem Ort aus die Reise zur Erde (Inkarnation) antritt und nach dem körperlichen Tode hierher zurückkehrt. Insgesamt kann diese Eingangs-Szene, entsprechend der Nornen-Szene des ersten Teils, als Vorspiel gesehen werden. Hermes erscheint und spricht Michael mit seinem jetzigen (wahren) Namen an.

Animus ist ein Synonym aus der Psychologie des C. J. Jung und stellt den männlichen Archetypus der Seelen-Persönlichkeit dar. Durch diese allgemein gültige Namenswahl wird die vorangegangene persönliche Prägung der Seele aufgehoben.

Hermes trennt die beiden voneinander. Michael-Animus muß seinen Weg (anscheinend) allein gehen. Eva-Anima bleibt zurück. Es wird aber ein Wiedersehen in Aussicht gestellt.

Animus fällt in einen Schlaf. Auf dieser Ebene des Seins Symbol für Meditation (oder: Trance). Zum *dritten* und letzten Mal erscheint der Spirit der Esche und wiederholt seine Mahnung.

Teil 2, Szene 2

Michael erwacht in der Szenerie, die er geträumt hat. Direkter Hinweis darauf, daß es sich um *geistige Räume* handelt.

Ein Schäfer erweckt ihn. Dieser ist auf der Suche nach dem verloren gegangenen Schaf. Die Hinweise, daß es nicht auf den ausgetretenen Pfaden der Herde wandelt, führt Animus zu der Vermutung, daß es sich bei diesen Schaf um ihn selbst handelt. Der Schäfer weist auch auf die Gefahren (wilde Tiere) des einsamen Pfades (Grenzlinie) hin. Dieses Thema wird noch einmal in der Schlußsequenz aufgenommen. Der Pfad zum Licht ist ein schmaler Weg. Links und rechts davon ist Dunkelheit. Der

Verweis darauf, daß aus der Dunkelheit wilde Tiere (Animalisches) hervortritt, ist auch gleichsam ein Synonym für die Gefahren der Verführung (Ablenkung).

Teil 2, Szene 3

Die Szene verwandelt sich zum ersten Mal in einen (relativ) leeren Raum. Dieser wird im Folgenden immer wieder auftauchen und deutet auf die buddhistische Leerheit hin. Gleich einem Gefäß muß der Geist leer werden, damit er offen (aufnahmefähig) für neue Erkenntnisse ist. In der Ferne ist ein Licht zu sehen. Animus geht darauf zu. Währenddessen verändert sich das Bühnenbild ständig. Durch diese stete Veränderung, die innerhalb dieser Szene noch mehrfach geschieht wird das Prinzip der Leerheit verdeutlicht. Nach dem buddhistischen Denken sind alle Dinge, die sichtbar sind, Illusionen. Diese Annahme führt häufig dazu, daß den Buddhisten unterstellt wird, sie würden die materielle Ebene leugnen. Wir wissen heute, das jede Manifestation aus vielen Kleinstteilchen (Atome) besteht. Das Bild, das ein bestimmter Gegenstand also in Zeit und Raum hinterlässt ist (real gesehen) ein Trugbild (Illusion), da es aus einer unendlichen Zahl an Kleinsteilchen besteht.

Am Ende der ersten Verwandlung steht Animus am Eingang einer Felsenschlucht. Dort trifft er auf eine Frau. Von ihr erfährt er, daß sie schon lange an dieser Stelle des Weges verharrt. Sich nicht traut weiterzugehen. Schon viele wären den Weg gegangen, hätten sie aber kaum beachtet und nie gefragt, ob sie mitgehen wolle. Animus fragt nach dem Grund des Zögerns und erfährt, daß man sich in der Schlucht *verlieren* kann. Animus ressümiert, daß nichts verloren gehen könne und erinnert sich an die

Person (Eva), die er zurückgelassen hat. Er erkennt, daß er diesen Weg nicht für sich alleine geht, sondern im übertragenen Sinne für beide. So beschliesst er, die Frau auf dem Weg durch die Schlucht mitzunehmen. Sie sozusagen stellvertretend für Eva zu geleiten. Die Frau hingegen schöpft dadurch neuen Mut. Sie verschwinden in der Schlucht. Die Szene *verwandelt* sich in den Raum, den diese Schlucht grottenartig im Inneren bildet. Die Frau beginnt das Gefühl für sich selbst zu verlieren. Animus versucht sie zu beruhigen, in dem er darauf verweist, daß nur ihre körperliche Hülle sterben kann, aber nicht SIE SELBST. In der Ferne wird der Ausgang sichtbar. Die Frau droht sich ihrem Schicksal ergeben zu wollen. Sie will nicht am Scheitern Animus schuldig werden und bittet ihn ohne sie weiterzugehen. Animus hingegen bleibt fest und will nur mit ihr die grottenartige Schlucht verlassen.

Erneute Verwandlung. Sie durchschreiten den rötlichen Schein des Ausgang und betreten gleichzeitig eine Felsengrotte. Hier treten ihnen Wesen entgegen, die sie am Weitergehen hindern wollen. Sie haben noch ein recht animalisches Aussehen. Die Wesen behaupten, daß sie in diesem Raum sterben müssten, wenn Animus weitergehen würde. Auf Nachfrage teilen ihm die Wesen mit, daß dies sein *innerer Raum* ist. Animus erkennt in ihnen Teile seiner eigenen Existenz. Er erinnert sich an die vielen verschiedenen Stimmen, die er in sich wahrnahm.

Während die Frau den Verlust auf rein körperlichen Ebene verspürt wird Animus in personifizierter Form (Wesen) mit ihm konfrontiert. Er ist jetzt an der Stelle seines (spirituellen) Weges angekommen, an der er sich von seinen niederen (animalischen) Anteilen verabschieden muß, um auf seinem Weg fortschreiten zu können. Durch eines der Wesen erhält er den *Kuss der Erkenntnis*. Durch die Bewusstwerdung, daß die Wesen nichts anderes als Reflexionen seines Selbst – Bildes sind, hat er sie als Teile seiner eigenen Persönlichkeit akzeptiert. Durch diese Akzeptanz hat er sie verinnerlicht und nimmt sie so mit auf seinen weiteren Weg.

Der *Kuss der Erkenntnis* markiert den Verlust der bisherigen, einschränkenden Denkstrukturen und der gleichzeitigen Öffnung für eine übergeordnete Sichtweise. *Bewusstseinserweiterung* !

Menschen schreiten, mit einem Schleier über ihrem Haupt, quer über die Szene. Es ist der *Schleier der Unwissenheit.* Er ist das spirituelle Zeichen dafür, daß diese Menschen sich ihrer Unwissenheit bewusst sind und so den Weg der Einweihung beschreiten können. Die Frau, die in dieser Szene ihre Angst überwandt, schließt sich dem Zug der Menschen an.

Animus ist zum Szenenschluß erneut in Schlaf gefallen. Sein Bewustsein wandert weiter.

Teil 2, Szene 4

Diese Szene ist eine Pantomime. Hexensabbat. Eva soll von den schwarzmagischen Mächten des Kosmos (symbolisch durch Hexen, Kobolde, Satan etc) geopfert werden. Animus erwacht (traumwandlerisch) und will sie vor diesem Schicksal bewahren. Als er sie erreicht verwandelt sich Eva in ein Höllenwesen und sticht ihm ins Herz. Sie wird auf dem Scheiterhaufen verbrannt. Als Animus diesen erreicht ist von Eva nichts mehr zu sehen.

In dieser Szene wird Animus mit den destruktiven Kräften des Kosmos konfrontiert. Gleichzeitig wird ihm durch die kurzzeitige Verwandlung Evas aufgezeigt, daß in jedem Menschen diese Kräfte wirken. Der Stich ins

Herz stellt hier die mögliche Zerstörung der Liebes –
Energie durch diese Kräfte dar.
Entsprechend der dritten Szene des ersten Teils.

Teil 2, Szene 5

Szene der Leere.-
Diese Überschrift könnten wir dieser Szene geben.
Während die vorangegangene Szene sehr dynamisch war
ist die Szene jetzt äusserst karg. Animus empfindet
ebenso. Er versucht sich daran zu erinnern, was gewesen
ist. Woher er kam ! - Und sinniert darüber, wohin er gehen
wird. Er empfindet sich als ein Zwitterwesen, daß
zwischen den Zeiten existiert. Zwischen Vergangenheit
und Zukunft. Eine Erkenntnis wird geboren :
Nur eines ist wichtig : Das Jetzt.

Nur in diesem einen Augenblick kann er etwas
verändern. Luzifer tritt an ihn heran. Diesmal allerdings in
einem priesterlich wirkenden Gewand. Er beglückwünscht
Animus zu seiner Erkenntnis. Animus zögert.
Erinnerungen blitzen in seinem Bewusstsein auf. Er
weicht vor Luzifer zurück. Dieser weist ihn darauf hin,
daß sie sich in dessen *Inneren Raum* befinden. Animus ist
irritiert. Luzifer aber gibt ihm den Schlüssel um Verstehen
zu können. Er verweist auf die Parzival-Legende.
In dieser Szene zeigt Luzifer sein zweites
(janusköpfige) Gesicht. Das des Lichtbringers. (Licht =
Bewusstsein).

Animus wird durch den Parzival – Text aufgerüttelt. Er
sehnt sich nach Ruhe. Will sich auf seine eigene Person
besinnen. In der Meditation erkennt er, daß an diesem Ort,

der seinen inneren Raum darstellt, alles was sich darin abspielt Projektionen seines eigenen Wesens sind.

Also auch Luzifer (die Energie, die dieser symbolisiert) Teil seiner Selbst ist . Er verzweifelt.

Fragt danach, wer er ist.

Während die ersten vier Szenen noch Bezug zu der Raum-Zeit-Ebene hatten. Also zu der materiellen Welt ist diese fünfte Szene die erste Szene, die jenseits dieser Ebene spielt. In dieser Zuordnung steckt ebenfalls ein tieferer Sinn. Die ersten vier Szenen können wir uns als symbolisches Quadrat vorstellen. Die Zahl Vier, beziehungsweise das Quadrat ist von Alters her ein Symbol für die materielle Seinsebene. (3 Raumachsen plus Zeitachse). Die Fünf, symbolisch durch das Pentagramm dargestellt, ist das Zeichen des aufrecht stehenden (also sich selbst erkennenden) Menschen.

Dies ist auch der Grund dafür, daß die Handlung in einem fast leeren Raum stattfindet. Der Mensch der Materie hat sich in Asche verwandelt. In dieser Szene ersteht er phönixgleich neu. Gereinigt und geläutert. Animus erkennt, daß die ihn umgebende Leere die Leerheit seiner Gedankenwelt darstellt. Er nimmt sie als *öd und leer* wahr. Mit den gleichen Attributen wird die jungfräuliche Erde am Anfang der Genesis der Bibel bedacht. Die geistige Ebene muß erst einmal alle störenden Gedanken eliminiert haben, bevor der menschliche Geist fähig ist vollkommen neue Erkenntnisse in sich aufzunehmen. Genau an diesem alles entscheidenden Wendepunkt befindet sich Animus. Er scheitert, oder überwindet die Leere und erhebt sich, wie der legendäre Phönix.

Animus wird zum Phönix! - Er überwindet, ruft die Unsichtbaren (kosmischen Kräfte) an und erhebt mit einem Gebet seinen Geist auf die höheren Ebenen des Seins.

Teil 2, Szene 6

Mit dieser Szene verlassen wir endgültig die materielle Welt. Luzifer und Hermes blicken dem davon schreitenden Animus nach. Sie sinnieren darüber, ob Animus erkannt hat, daß die beiden nur auf der Ebene der Materie (Raum / Zeit) polarisierende Kräfte sind, aber auf kosmischer Ebene eine Einheit bilden. Das letzte Stück seines Weges muß Animus allein beschreiten.

In dieser Szene leuchtet die Sechs auf, symbolisiert durch das Hexagramm. Es stellt die Verschmelzung der physischen mit der psychischen Ebene dar. Die beiden zuvor polarisierenden Kräfte Luzifer (negativ) und Hermes (positiv) treten deshalb in dieser Szene freundschaftlich vereint auf.

Teil 2, Szene 7

In dieser Szene begegnet Animus seinem göttlichen Selbst. Der Seelen – Persönlichkeit. Animus fragt nach dem Weg und erfährt, daß jeder Weg, den er einschlägt der richtige ist. Da er aber den Weg nicht mehr weiß wird er ihn auch nicht finden. So orakelt sein Ebenbild. Dieses erinnert ihn an die Person, die er den ganzen Weg über im Inneren seines Herzens mitgenommen hat: Eva ! -

Noch ein letztes Mal blickt Animus zurück. Reflektiert die Geschehnisse. Sieht jetzt aber die übergeordneten Zusammenhänge. Mit den Worten *Es ist vollbracht* vereinigt sich der aufgestiegene Mensch Animus mit

seiner (unsterblichen) Seelen – Persönlichkeit.
Eva – Anima erscheint.

Teil 2, Szene 8

In dieser Szene begegnen sich Eva und Michael nicht mehr als person – spezifische Wesen, sondern als geläuterte Wesen, in einer übergeordneten Sphäre. Animus bezeichnet die beiden als Yin und Yang. Jene beiden maßgebenden Kräfte des Kosmos. Eva – Anima versucht das Weitergehen zu verzögern. Animus macht ihr Mut. Sie schreckt zurück, da er sich kalt anfühlt. Dies ist der Verweis darauf, daß Animus kein personifiziertes Wesen mehr ist. Er hat keine persönlichen Gefühle mehr. Entsprechend des Bibel – Wortes *GOTT SIEHT DIE PERSON NICHT AN*.
Der Bedeutung dieses Zitats ist die Entsprechung dieses Sachverhalts. Abschliessend deutet Animus an, daß der Pfad, den sie jetzt beschreiten, schmal und von daher gefährlich ist. Hand in Hand schreiten sie voran.

Die jetzt einsetzende Musik leitet zur abschliessenden Szene über.

Teil 2, Szene 9

Im Vordergrund ist ein Graben dargestellt, über den ein schmaler Steg geht. In diesem Bild wird noch einmal (abschliessend) dargestellt, daß der *Pfad der Erkenntnis* eine Gradwanderung auf der Grenzlinie zwischen den schöpferischen (weißmagisch) und destruktiven (schwarz- magisch) Kräften des Kosmos ist. -
Animus geht voran. In dem Graben steigen die Menschen

auf, die auf diesem einweihenden Weg gestrauchelt sind. Ihr Auftreten weist auf dramatische Weise daraufhin, daß der Mensch, der diesen Weg beschreitet in seinem Inneren ein Gleichgewicht zwischen diesen beiden Kräften schaffen und es ständig stabil halten muß.-

Ein Priester tritt an ihn heran. Es ist die letzte Prüfung. Während in den vergangenen Szenen diese prüfenden Aufgaben in den Handlungen verborgen lagen wird sie hier nicht mehr verschleiert. Der Priester versucht Animus zu verleiten. Er soll hinüberkommen, ohne auf die um Hilfe bittenden Menschen zu achten. Aber Animus erkennt und besteht diese letzte Prüfung mit dem Hinweis, daß er nur weitergeht, wenn diese anderen Menschen auch weiterziehen dürfen.

Im selben Augenblick verwandelt sich die Szene vollkommen.

Animus hat mit Anima gemeinsam die kosmische Ebene erreicht. Das Bild des Kosmos breitet sich über den ganzen Bühnenraum aus.

Zum zweiten Mal haben wir es mit einer Pantomime zu tun. Ganz bewusst wird in diesem abschliessenden Bild auf jede verbale Äusserung verzichtet. Die kosmische Sprache kann nicht (direkt) in Verbalität umgesetzt werden. -

Sie werden gesegnet und auf die höhere Ebene des Kosmos, die jenseits allen Verstehens liegt, geleitet.

Luzifer und Hermes blicken ihnen nach. -
Sie bleiben zurück, um diejenigen zu geleiten, die zukünftig diesen Weg beschreiten werden.

Der Vorhang schliesst sich langsam vor der Kulisse der sich drehenden Galaxien.

Inhaltsverzeichnis

Metamorpheus – esoterisches Mysterienspiel

Über den Autoren

Heiner Vogelei wurde 1955 in Bremen geboren. Bereits mit 11 Jahren begann er kleiner Geschichten und Gedichte zu schreiben. Das vorliegende Mysterienspiel bildet gemeinsam mit dem Schauspiel EGO das einzig verbliebene Frühwerk.

Der Autor arbeitet als Krankenpfleger in einer Bremer Altenpflegeeinrichtung, ist verheiratet und hat eine Tochter. Seit 1991 ist er Lehrer des Reiki – Usui – systems der natürlichen Heilung

Bereits veröffentlicht :

EGO – Spiel der Rollen
In dieser Ausgabe wurde das vorliegende Theaterstück in eine Rahmenhandlung eingebettet. Ein Ehepaar besucht eine Aufführung des EGO und reflektiert bereits während der vor ihren Augen ablaufenden Handlung den Inhalt des Theaterstücks.

EGO
Die reine Textausgabe des gesellschaftskritischen Stückes mit anschliessenden Kommentar des Autoren

Geplante Veröffentlichungen :

QUO VADIS , REIKI ?
Erweiterte Neuauflage des Buches von 1999

im November 2008

Beginn der Veröffentlichung

der

LICHTKRIEGER – TETRALOGIE

Anfang, der keiner war … Wir erleben die geistige Geburt des Universums. Werfen einen Blick auf die Entstehung der Galaxien, Sonnen und Planeten. Zuletzt wandert unser Blick auf die evolutionäre Entwicklung des Planeten Helixion. Völker, Länder und Königreiche entstehen.

Als der Mönch Aurigas zum obersten Priester, dem Falkon, gewählt wird, hat die religiöse Gemeinschaft der Helixianer das Gefühl, als würde sich ein dunkler Schatten über den Planeten ausbreiten. Sie machen Wesen, die sie in ihren Meditationen sehen und Daimjons nennen, dafür verantwortlich.

In tiefer Meditation versunken gelangt Aurigas auf eine höhere Ebene des Bewusstseins und erfährt, daß es sich bei den Wesen um Bewohner anderer Planeten handelt. Von dem Monocerus Tifion wird er in die Geheimnisse des Kosmos schrittweise eingeführt.

Durch ihn erfährt er aber auch, daß es Spezies gibt, denen der Weg auf die höheren Ebenen verwehrt ist, nach dem diese dem Weg des Lichtes abgeschworen haben.

Noch ahnen Aurigas und Tifion nicht, daß bereits ein Welten- raumschiff der Shingmar, einer der grausamsten dieser dunklen Spezies, auf dem Weg zum Planeten Helixion ist. Sie wollen Aurigas die magischen Energie – Schlüssel entreissen, die Tifion bereit ist diesem anzuvertrauen.

Mit ihnen hätten die Shingmar einen ungehinderten Zugang auf die höheren Ebenen des Seins und könnten so das Licht – Reich des Kosmos zerstören . . .

LICHTKRIEGER – Band 1   *November 2008*

LICHTKRIEGER – Band 2   *Januar 2009*

LICHTKRIEGER – Band 3   *März 2009*

LICHTKRIEGER – Band 4   *Mai 2009*

Heiner Vogelei

METAMORPHEUS